••• Títulos relacionados

**HOTI0108
PROMOCIÓN TURÍSTICA LOCAL
E INFORMACIÓN AL VISITANTE**

[DISPONIBLE CERTIFICADO COMPLETO]

Solicítalos en:
- Librería
- www.paraninfo.es
- Solicitudes nacionales +34 914 463 350
- Solicitudes fuera de España +34 913 308 907, +34 913 308 919

Información y atención al visitante

UF0082

María Luisa Coque Martínez

Emma Arroyo Manzanedo

© 2024 Ediciones Paraninfo, S. A.
© 2024 María Luisa Coque Martínez y Emma Arroyo Manzanedo

Diseño y maquetación: Ediciones Nobel, S. A.

ISBN: 978-84-283-6674-8
Depósito legal: M-19761-2024
Impresión: Liberdigital (Casarrubuelos, Madrid)

Impreso en España

Autoras

Emma Arroyo Manzanedo es diplomada en Turismo por la Escuela de Turismo de la Universidad de Deusto. Con una amplia formación que abarca idiomas, creación de páginas web y comercio electrónico, posee una amplia experiencia, nacional e internacional, dentro del ámbito del turismo en agencias de viajes, guías turísticas y como directora y fundadora de su propia empresa relacionada con el sector.

María Luisa Coque Martínez es graduada en Turismo por la Universidad de Salamanca. Su formación abarca áreas asociadas al ecoturismo y a la cooperación internacional, entre otras. Cuenta con experiencia profesional en diversos campos relacionados con el ámbito turístico, incluida la docencia en certificados de profesionalidad y ciclos formativos.

Índice

Introducción normativa

La Ley Orgánica 3/2022, de 31 de marzo, de ordenación e integración de la Formación Profesional, contiene una disposición derogatoria única que afecta a la regulación de los certificados de profesionalidad, ahora denominados **Certificados Profesionales.** La referida normativa deroga la Ley Orgánica 5/2002, de 19 de junio, de las Cualificaciones y de la Formación Profesional, y abre un escenario de cambios que se irán implementando progresivamente.

La Ley Orgánica 3/2022, de 31 de marzo, de ordenación e integración de la Formación Profesional implica que toda la formación es acumulable. La oferta formativa se estructura de forma escalonada, siendo los Certificados Profesionales un nivel intermedio (Grado C) de una escala que va desde el Grado A hasta el E.

En los artículos 35 a 38 de la Ley 3/2022 se describe en qué consisten estos Certificados Profesionales: su oferta, formación asociada, estructura, duración, acceso, titulación y validez. Posteriormente, esta normativa se completa con lo dispuesto en el Real Decreto 659/2023, de 18 de julio, que desarrolla la ordenación del sistema de Formación Profesional. Concretamente en los artículos 67 a 81 es donde se hace referencia a la oferta formativa de Grado C, correspondiente a los Certificados Profesionales.

Están agrupados en 26 familias profesionales con características comunes del sector. En la actualidad hay más de medio millar de Certificados Profesionales incluidos en el Repertorio Nacional. Esta cifra no deja de crecer. Además, cada certificado está específicamente regulado por un real decreto.

Un Certificado Profesional corresponde al Grado C de la oferta del Sistema de Formación Profesional. Es un documento oficial, con validez en todo el territorio nacional y debe constar en el Catálogo Nacional de Ofertas de Formación Profesional, que certifica la capacitación para el desarrollo de una actividad profesional.

Debe detallar los módulos profesionales superados y los estándares de competencia profesional asociados a él e incluidos en el **Catálogo Nacional de Estándares de Competencias Profesionales**, así como su correspondencia con el Marco Español de Cualificaciones.

Despliegan su validez en un doble ámbito, laboral y académico:

- En el contexto laboral tienen validez profesional, porque acreditan las competencias en una determinada profesión. Para poder trabajar en algunas profesiones, se exigen determinadas cualificaciones, y los certificados sirven para acreditarlas.

- Asimismo, tienen validez académica, puesto que permiten continuar un itinerario formativo siempre que se cumplan los requisitos de acceso para cursar la titulación deseada. De tal modo que, los Certificados Profesionales que sean parte de un Grado D permitirán la matrícula modular para completar los módulos establecidos en el currículo y obtener el correspondiente título de técnico básico, técnico o técnico superior con validez en todo el territorio nacional.

Para obtener un Certificado Profesional (Grado C) es preciso cumplir con los requisitos de acceso para realizar la formación.

Estructura de los Certificados Profesionales

I. Identificación: denominación, familia y área profesional a la que pertenecen; nivel de cualificación profesional (1, 2 o 3); cualificación profesional de referencia; entorno profesional y módulos formativos que esté previsto cursar junto con la duración de cada uno de ellos.

II. Perfil profesional: incluye las competencias profesionales requeridas en el mercado laboral. En todas ellas se concretan las realizaciones profesionales y los criterios de realización.

III. Formación: describe los módulos formativos que esté previsto cursar para adquirir las competencias requeridas. En cada uno de ellos se indican las capacidades que se pretende alcanzar y la duración del módulo de prácticas no laborales —PNL—, para el que cabe solicitar exención si se cumplen determinados requisitos.

IV. Prescripciones de las personas formadoras.

V. Requisitos mínimos de espacios, instalaciones y equipamiento.

Los Certificados Profesionales se identifican con una denominación concreta y un código alfanumérico propio, y sirven para acreditar una determinada cualificación profesional. Cada certificado está asociado a una relación de unidades de competencia que, a su vez, se vinculan con una serie de módulos formativos específicos. Algunos módulos están integrados por unidades formativas y tanto unos como otras son, en ocasiones, transversales, lo que significa que se trata de contenidos incluidos en más de un Certificado Profesional.

Los Certificados Profesionales se articulan en tres niveles de competencia profesional (1, 2 y 3) conforme a lo dispuesto en el que será el Catálogo Nacional de Estándares de Competencias Profesionales, anteriormente Catálogo Nacional de Cualificaciones Profesionales (CNCP), según los criterios establecidos de conocimientos, iniciativa, autonomía y complejidad de las tareas, en cada una de las ofertas de Formación Profesional.

La oferta formativa dirigida a la obtención de los Certificados Profesionales tiene carácter modular para favorecer la acreditación parcial acumulable de la formación recibida y posibilitar así el avance en el itinerario de Formación Profesional para cualquiera que sea la situación laboral de cada persona en cada momento.

En definitiva, el Grado C constituye la oferta, parcial y acumulable, del sistema de Formación Profesional, de varios módulos profesionales del catálogo modular de Formación Profesional por razón de su significado en el mercado laboral y conducente a la obtención de un Certificado Profesional.

Las ofertas de Grado C de Formación Profesional tendrán por objeto módulos profesionales incluidos previamente en el catálogo modular de formación profesional y asociados al Catálogo Nacional de Estándares de Competencias Profesionales.

Finalidad de los Certificados Profesionales

- Contribuir a la ordenación de un Sistema de Formación Profesional al servicio de un régimen de formación y acompañamiento profesionales que sea capaz de responder con flexibilidad a los intereses, expectativas y aspiraciones de cualificación profesional de las personas a lo largo de su vida.

- Combinar escuela y empresa situando a la persona en el centro del sistema.

- Facilitar el aprendizaje permanente de toda la ciudadanía mediante una formación abierta, flexible y accesible, estructurada de forma modular, a través de la oferta formativa asociada al certificado.

- Acreditar las cualificaciones profesionales o las unidades de competencia recogidas en estas, independientemente de su vía de adquisición, bien sea través de la vía formativa, o mediante la experiencia laboral o vías no formales de formación.

- Favorecer, tanto a nivel nacional como europeo, la transparencia del mercado de trabajo.

- Contribuir a la calidad de la oferta de Formación Profesional.

Este libro

El presente libro desarrolla la Unidad Formativa denominada *Información y atención al visitante,* UF0082.

Dicha unidad formativa está asociada a la Unidad de Competencia UC1074_3, forma parte del Módulo Formativo MF1074_2 *Información turística* perteneciente a la Cualificación Profesional de referencia HOT 336_3, de nivel 3, incluida en el Certificado de Profesionalidad denominado *Promoción turística local e información al visitante,* dentro de la familia profesional Hostelería y Turismo.

Según el Real Decreto 1376/2008, de 1 de agosto, modificado por el RD 619/2013, de 2 de agosto, los contenidos que en esta obra se recogen se corresponden con una duración de 30 horas.

Tanto la estructura como el desarrollo del libro se ajustan al citado real decreto y más concretamente a los contenidos de la Unidad Formativa que le da título *Información y atención al visitante.*

Contenidos

1. **Orientación y asistencia al turista**
   — Técnicas de acogida y habilidades sociales aplicadas al servicio de información turística
     - Comunicación verbal
     - Comunicación no verbal
   — Técnicas de protocolo e imagen personal
   — El informador como asesor de tiempo libre
     - Personalización de la atención y acogida
     - Adaptación de la información a los tiempos de estancia y consumo
     - Adaptación de la información a las expectativas de viaje
   — Tipologías de clientes
     - Visitantes (turistas y excursionistas)
     - Clientes internos (oferta del destino y población local)
   — Gestión de tiempos de atención, gestión de colas y gestión de crisis

— Medios de respuesta

- Atención de solicitudes de información no presenciales: gestión de correo postal, *e-mail* y otras formulas derivadas de las tecnologías de la información
- Atención telefónica
- Gestión del sistema de sugerencias, quejas y reclamaciones
- Obtención de datos de interés para el servicio y estadísticas turísticas

— Legislación en materia de protección al usuario

■ Nota del Editor

En Ediciones Paraninfo estamos comprometidos con la calidad de la formación e intentamos que nuestros materiales respondan fielmente y con rigor a las necesidades de todos cuantos confían en nuestro sello editorial.

Tratamos de dar respuesta a los currículos de las unidades formativas y de los módulos que integran los distintos Certificados Profesionales, equilibrando la parte teórica con la práctica para que los procesos de aprendizaje se conviertan en experiencias gratificantes, tanto para docentes como para las personas inmersas en los procesos formativos.

Nuestros objetivos son contribuir de forma decisiva a afianzar aprendizajes, ayudar a adquirir destrezas que tengan significado para el empleo y conseguir potenciar el desarrollo personal.

Para lograrlo contamos con excelentes autores, expertos en las materias que abordan, en la mayoría de los casos docentes de dichas especialidades con dilatada experiencia tanto profesional como académica, porque buscamos perfiles familiarizados con los contextos laborales concretos a los que se refieren nuestros manuales.

Confiamos en poder serte de ayuda y esperamos tus impresiones acerca de nuestro trabajo. Sean positivas o negativas, serán muy bien recibidas y, sin duda, nos ayudarán a seguir mejorando y trabajando con ilusión para continuar siendo un referente en formación para el empleo.

Agradecemos tu confianza en nuestros manuales. Todo nuestro equipo queda a tu total disposición. Puedes contactar con nosotros en esta dirección de correo electrónico:

info@paraninfo.es

1. Orientación y asistencia al turista

Introducción

"Las Oficinas de Información Turística se definen como aquellos servicios públicos dependientes y creados en general por una Administración Pública o en colaboración con otras entidades, que tienen como objetivo gestionar todos los servicios relacionados con la atención, orientación y asesoramiento de los visitantes, así como organizar la coordinación, promoción y comercialización de su demarcación territorial".

Definición general de oficinas de información turística.

La orientación y asistencia al turista tienen como objetivo ser una herramienta para la formación de los futuros informadores, quienes deberán prestar una atención de calidad al visitante. Además de descubrir al turista los recursos turísticos de la demarcación territorial, deben conocer los instrumentos, soporte y mecanismos interactivos de información y asistencia con el fin de mejorar el grado de satisfacción de los visitantes.

Contenido

1.1. Técnicas de acogida y habilidades sociales aplicadas al servicio de información turística

El informador es un transmisor de la imagen del destino, un elemento vivo que interactúa con el visitante. Esta interacción permite el buen entendimiento y, en parte, la puesta en valor de la cultura del lugar visitado de forma que el usuario puede convertirse en un prescriptor del destino. La prestación de un servicio de calidad, por tanto, es esencial para aumentar el grado de satisfacción de los turistas y contribuir a mantener o mejorar el posicionamiento del núcleo receptor y de la oficina de información turística.

Para ofrecer el servicio de forma eficiente, el profesional debe dominar diversas técnicas de comunicación. Se hace necesario añadir que el impacto de las nuevas tecnologías en el sector del turismo es rotundo. El informador debe saber comunicar conforme a las exigencias de cada soporte utilizado.

En esta unidad se analizarán las diversas técnicas de comunicación adaptadas a los diferentes medios.

Objetivos:

- Conocer los medios de comunicación utilizados en el marco de la información turística.
- Conocer las diferentes técnicas de comunicación apropiadas para lograr una comunicación eficaz.

1.1.1. Comunicación verbal

Comunicar es el acto por el cual un individuo establece contacto con otro transmitiendo información. La comunicación, base sobre la que se establecen las relaciones sociales, detenta un protagonismo en el sector servicios.

Comunicación oral

En palabras de Andy Stalman en el XII Foro Turístico Hosteltur, aun estando en la era de las telecomunicaciones, no se debe olvidar el valor del trato humano en la prestación de los servicios turísticos.

Elementos básicos de la comunicación:

- Emisor: origina el mensaje.
- Mensaje: contenido enviado por el emisor.

- Receptor: recibe el mensaje.

- Canal: medio físico que sirve para emitir y recibir el mensaje. Pueden ser las ondas sonoras, Internet, el papel, entre otros.

- Código: conjunto de signos y reglas que deben ser comunes para que la comunicación sea eficaz. Son ejemplos la lengua castellana, el braille, la lengua de signos.

- Contexto: circunstancias que acompañan y determinan el acto de comunicación. El contexto es el lugar, el espacio o el momento en el que se produce la comunicación.

- Registro: modalidad de la lengua empleada en función del momento, del contexto y del nivel cultural del emisor y receptor.

- Ruido: estímulos naturales o artificiales que dificultan que los mensajes sean recibidos o decodificados.

Actividad propuesta 1.1
Observa las siguientes imágenes e identifica los elementos de comunicación indicados.

Figura 1. Identifica los elementos comunicativos.

Figura 2. Identifica los elementos asociados a la comunicación.

La comunicación empieza cuando el emisor envía el mensaje al receptor y este lo recibe satisfactoriamente. Se entiende por *comunicación efectiva* cuando el mensaje emitido es el mismo que el recibido, este resultado es conocido como *transacción de alta fidelidad*, porque el mensaje para ambos es el mismo. Sin embargo, es complejo llegar a dicha transacción de alta fidelidad debido a diversas causas, como la diferencia de contextos, que el canal no sea el más apropiado o a diversos elementos externos ajenos a ambos sujetos.

Barreras de comunicación

Los informadores turísticos deben ser conscientes de todos los obstáculos o barreras que interfieren en la comunicación. Se pueden clasificar de la siguiente manera:

- Ambientales y físicas: asociadas al ambiente físico donde tiene lugar lugar el proceso comunicativo. El ruido o la iluminación son ejemplos de este tipo de obstáculos.

- Semánticas: relacionadas con el significado de las símbolos empleados en la comunicación.

- Fisiológicas: impedimentos fisiológicos —discapacidad visual, auditiva, cognitiva— de cualquiera de los intervinientes.

- Psicológicas: causadas por emociones, intereses, prejuicios o experiencias previas de las personas que intervienen en la comunicación.

- Socioculturales: condicionantes asociados a la posición que ocupan los emisores y receptores dentro de un determinado contexto.

Un informador turístico debe comunicarse basando su mensaje en la credibilidad y experiencia aportando datos oportunos e interesantes. Asimismo, para lograr su objetivo ha de prestar atención a los puntos clave que se indican a continuación:

Pensar antes de hablar

Pensar en lo que se va a decir antes de comenzar a hablar dará la posibilidad de transmitir un mensaje estructurado y claro.

Optar por la precisión y claridad

Se eligen los términos más adecuados empleando frases cortas y evitando extranjerismos, tecnicismos o el uso de siglas. La precisión no es enemiga de la elegancia: el discurso ha de excluir términos vulgares y repeticiones.

Dosificar la información

El visitante puede captar una cantidad de información en un tiempo determinado. No se debe sobrecargar la capacidad de atención.

Preguntar

El informador plantea preguntas para conocer las necesidades concretas y obtener el *feedback* del visitante, es decir, se asegura que comprende la información facilitada o esta se ajusta a sus necesidades.

Escuchar activamente

Uno de los principios más importantes es saber escuchar, es decir, comprender la información desde el punto de vista del que está hablando asumiendo sus palabras, ideas y sentimientos. Este tipo de escucha, que permitirá lograr mayor cooperación, requiere que el informador:

Observe al visitante: su expresión verbal, gestual, interpretando las señales que solicitan intervención por parte del informador.

Se apoye en ciertas expresiones que refuerzan la comprensión: "si comprendo bien...", "me quiere decir...".

No interrumpa: no es conveniente ofrecer ayuda ni soluciones de forma prematura y se ha de evitar el "síndrome del experto", que consiste er responder sin esperar a que su interlocutor finalice su exposición.

Se ponga en el lugar del interlocutor: esforzarse en comprender el mensaje sin prejuzgar y dedicar el tiempo necesario sin ignorar las peticiones planteadas.

Ser asertivo

La asertividad es una estrategia de comunicación que permite expresar las propias opiniones siendo respetuosos con el punto de vista ajeno. Se manifiestan las ideas de forma directa pudiendo decir "no" en las ocasiones que sea necesario. Por tanto, la asertividad está ligada a la honestidad y esta a la profesionalidad.

Adaptar el mensaje a las características de la demanda

El contenido y la forma de transmitir la información varían en función del segmento de la demanda, cuyas necesidades cambiarán según la edad, procedencia (ámbito urbano, rural, nacionalidad), inquietudes personales o discapacidades. Una forma de adaptar el mensaje a personas con discapacidad cognitiva es la incorporación de materiales en formato de lectura fácil.

Evitar los ruidos

Se deben evitar las perturbaciones externas que obstaculizan el proceso de comunicación situándose lejos del teléfono o en los espacios menos transitados.

Comunicación escrita

El informador deberá conocer también diferentes soportes y técnicas de comunicación escrita, la cual ofrece las siguientes posibilidades:

- Permite planificar el contenido del mensaje.
- Se puede revisar y rectificar el mensaje antes de su emisión.
- Posibilita el archivo de la comunicación mantenida para un seguimiento posterior.

Tal y como se indicaba en el apartado de la comunicación oral, el escrito debe ser también **respetuoso, claro, estructurado y conciso**, además de estar **bien redactado** y mostrar un correcto uso de la **gramática, ortografía y signos de**

puntuación. Estas indicaciones, de por sí importantes, cobran mayor relevancia en este caso, es decir, cuando el receptor carece de señales adicionales para interpretar el mensaje.

La comunicación escrita se puede clasificar en medios telemáticos y en papel.

Medios telemáticos

En la sociedad de las nuevas tecnologías, las diferentes aplicaciones han agilizado el intercambio de comunicación de forma que se han convertido en la principal vía de transmisión y recepción de información no presencial.

Los medios telemáticos pueden ser **asincrónicos,** es decir, el emisor y receptor no coinciden en el tiempo, y **sincrónicos**, cuando permiten una comunicación en tiempo real entre los participantes.

Medios telemáticos empleados:

NOMBRE/ TIPO	CARACTERÍSTICAS
Correo electrónico o *e-mail.* Asincrónico.	A través de este medio se envían mensajes de texto, imágenes, archivos adjuntos, etc. Las cuentas de correo pueden ser genéricas (infoturismo@aranjuez.es) o personales.
Chats del sitio web. Sincrónico.	Son foros virtuales. Se envían y reciben mensajes en tiempo real a todos los participantes.
Mensajería instantánea. Sincrónico.	Chat privado. El mismo usuario habilita a los contactos. Mensajería instantánea más utilizada: WhatsApp.
Redes sociales. Asincrónicos y sincrónicos.	Permiten la comunicación unidireccional (promoción de un destino, información sobre actividades) o bidireccional. Las más utilizadas por las oficinas de información turística son: Facebook, X (antes Twitter), Instagram o YouTube.

Algunos consejos sobre el envío de correos electrónicos:

El **asunto** debe indicar el objeto del mensaje de forma nítida para adelantar el contenido y evitar confusiones.

Es aconsejable **no abrumar** al receptor con mensajes, puesto que puede provocar el efecto contrario al deseado.

Escribir en **mayúscula sostenida** es interpretado **como GRITAR.**

Los correos electrónicos deben ser **respondidos con la mayor premura posible:** un retraso en el envío transmite ausencia de profesionalidad y desinterés.

Algunos consejos sobre la mensajería instantánea:

- Siempre se debe emplear el mismo registro que en el resto de medios utilizados.

- Es aconsejable que el texto vaya precedido de una presentación.

- Una vez constatado que el mensaje ha sido visto, no se ha de insistir más de una vez si no se recibe una respuesta.

- Si el destinatario expresa que desea ser contactado por otro medio, hay que asegurarse de que el número sea borrado del listado de mensajes.

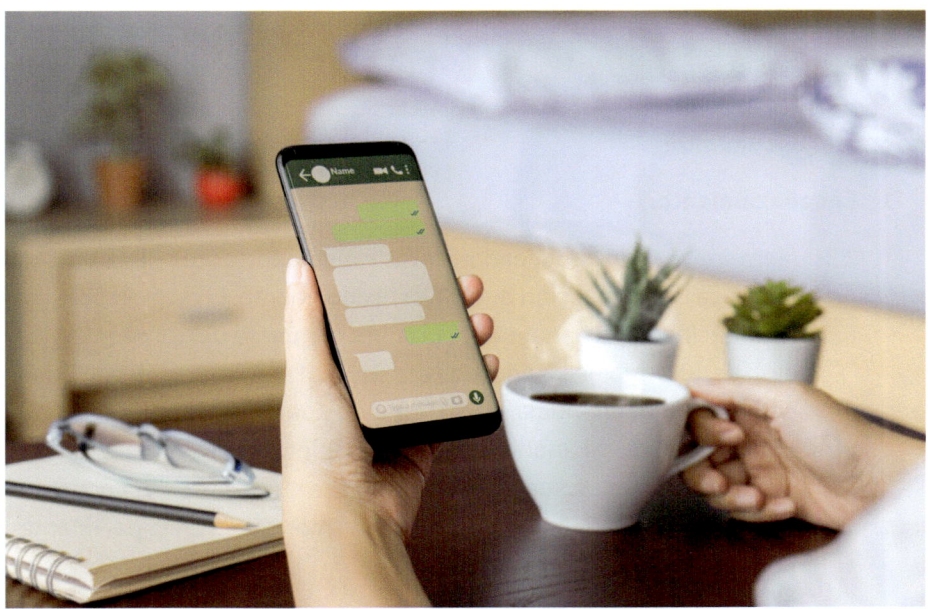

Figura 3. Comunicación por mensajería instantánea.

Actividad propuesta 1.2

Navega por las páginas web de las oficinas de turismo de diferentes ciudades y busca los medios de comunicación telemáticos utilizados.

¿Qué tipo de información transmiten a través de cada medio?

Estructura de los documentos escritos

En este apartado se describe la estructura de los mensajes escritos con registro formal sean estos emitidos a través de canales electrónicos o, por el contrario, analógicos.

Tipos de comunicaciones:

- Instancia: generalmente utilizada para realizar una solicitud ante un organismo público.

- Circular: se emplea para comunicar simultáneamente un mismo asunto a varias personas u organizaciones.

- Acta: documento formal mediante el cual se protocolizan asuntos tratados en una reunión y deja constancia de las intervenciones.

- Otros escritos.

Partes del documento:

1. **Encabezamiento.**

   1.1. Membrete: se introducen los datos más importantes de la oficina, empresa u organización que envía el documento. En el membrete se incluye: logotipo o anagrama, nombre completo del remitente (Oficina de Turismo de Toledo), dirección (calle, número, piso, ciudad, código postal, provincia, país). En este apartado o en el pie del documento se puede añadir el número de teléfono, dirección de correo electrónico y redes sociales. El membrete se utiliza en el documento en el que se expresa el contenido del mensaje y en la parte anterior del sobre, en caso de ser impreso.

   1.2. Fecha: debe figurar en la parte superior alienada a la derecha o en la inferior a la izquierda. El formato español sigue la estructura de día, mes y año o localidad. El mes debe aparecer en minúscula.

   1.3. Destinatario: datos del receptor (organización, empresa, nombre, dirección, código postal). Debajo del membrete.

   1.4. Saludo: 2 o 3 líneas por debajo del encabezamiento y alineado a la izquierda.

2. Cuerpo del documento.

1.1. Introducción: anuncia el contenido de forma clara.

1.2. Desarrollo: exposición ordenada del contenido. Debe tratar un tema de manera clara y concisa. Los argumentos, hechos y beneficios, formalmente ordenados generan el interés por el asunto. Se aconseja la redacción de párrafos cortos, precedidos o no de sangría, dejando al menos un espacio entre cada uno de ellos.

3. Pie.

2.1. Despedida: el escrito termina con una fórmula de cortesía.

2.2. Firma, nombre del firmante y cargo, en este orden.

2.3. Anexos: documentos que se adjuntan. Se insertan en el margen izquierdo detallando el tipo de documento que son.

2.4. Otros datos del remitente: número de teléfono, dirección de correo electrónico, dirección de redes sociales y aviso legal en el caso de correos electrónicos.

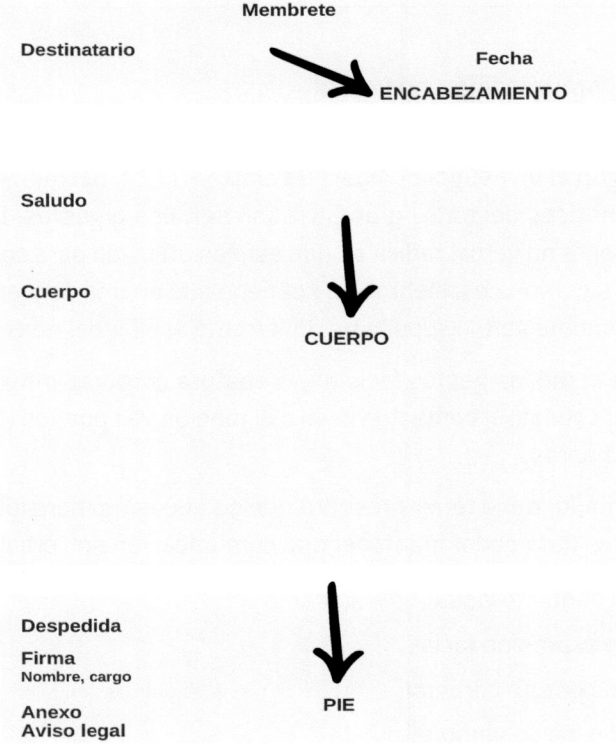

Figura 4. Esquema de la estructura del documento.

Frases utilizadas en las cartas profesionales:

SALUDO: TRATAMIENTOS DE CORTESÍA	INTRODUCCIÓN AL TEMA	DESPEDIDA
Estimado señor Pérez:	En cumplimiento a...	Atentamente,
Estimado proveedor:	En relación a...	Reciba un cordial saludo,
Estimado cliente:	En respuesta a su escrito...	En espera de sus noticias, le saluda atentamente,
Muy señora nuestra:	Le confirmo/Le comunico.	Atentamente, se despide,
Muy señores míos:	Por la presente me permito informarle...	Sin otro particular, aprovecho para saludarle,
Apreciado señor:	Tengo el placer de informarle...	Esperando haberle sido de utilidad, le saluda,
Distinguida señora:	Tal y como acordamos...	Agradeciéndole su interés, atentamente le saluda,
	En respuesta a su escrito del día 7 del presente mes...	

1.1.2. Comunicación no verbal

La comunicación no verbal es clave en las interacciones entre los seres humanos. Según el investigador Albert Mehrabian, el 7 % del mensaje es verbal, 38 % vocal (matices del tono) y un 55 % son señales y gestos. La importancia del componente no verbal radica en que este es utilizado para comunicar estados y actitudes personales. Mehrabian sostiene que en una conversación cara a cara el componente verbal supone un 35 % frente al 65 % del no verbal.

Detalles como los gestos faciales, la postura corporal, movimiento de brazos, manos y cabeza, el contacto visual o el tono de voz pueden ratificar o contradecir las palabras.

El informador debe tener presente que es necesario considerar los siguientes elementos para poder mantener una comunicación no verbal óptima:

- El contacto visual.
- La expresión facial.
- La postura corporal.
- El espacio personal.
- Los componentes paralingüísticos.

El contacto visual

Mirar poco puede ser signo de timidez. Cuando el interlocutor habla debemos mirar y cuando hablamos y miramos captamos la atención del interlocutor.

La expresión facial

El rostro es el sistema más importante de señales para mostrar emociones tan dispares que pueden ir desde la rabia, el desprecio o la tristeza, hasta la alegría y la sorpresa. Las tres regiones faciales implicadas son: la frente/cejas, los ojos/párpados y la parte inferior de la cara. Un trato habilidoso con el visitante requiere una expresión facial que esté de acuerdo con el mensaje.

La frente y las cejas revelan información importante en la conversación. Las cejas levantadas pueden ser indicativo de incredulidad y el ceño fruncido muestra enojo o, incluso, confusión.

La mirada es uno de los puntos clave: ayuda o entorpece el contacto. El informador debe mantener la mirada de su interlocutor para mostrar la escucha activa; sin embargo, una mirada fija puede llegar a ser dominante. Se muestra una actitud de superioridad cuando miramos de arriba abajo.

La sonrisa es un componente importante. Puede utilizarse de forma defensiva o como gesto de pacificación, transmite el hecho de que a una persona le gusta otra, suaviza un rechazo o una situación tensa, comunica una actitud amigable e incita al interlocutor a que le devuelva una sonrisa.

Figura 5. La sonrisa.

La postura corporal

La postura corporal introduce cambios importantes para marcar unidades del habla, como cambiar de tema, dar énfasis o ceder la palabra. Sus significados y funciones son múltiples.

Inclinarse hacia delante y con manos extendidas son posturas que aumentan la apertura hacia el otro y, por tanto, muestran cercanía, interés y actitud de escucha.

Los brazos colgando y la cabeza girada hacia un lado son gestos de timidez. Cruzar las manos y los brazos es una señal de actitud cerrada. Por el contrario, las piernas separadas, los brazos en jarras y la inclinación lateral pueden expresar determinación. Los hombros encogidos indican desconocimiento, indiferencia o escepticismo. Los puños cerrados o la inclinación hacia delante son interpretadas como señales de ira.

Sentarse excesivamente retrepado cuando el visitante habla muestra desinterés, mientras que apoyarse hacia atrás o entrelazar las manos sosteniendo la parte posterior de la cabeza refleja dominación o sorpresa.

Volver la espalda o mirar hacia otro lado puede ser síntoma de rechazo o desagrado.

Otros gestos de cortesía valorados en la atención al público son levantarse para saludar y despedirse, ceder el paso y estrechar la mano.

Se desaconseja tener las manos en los bolsillos, tocarse el pelo, rascarse o agitar el pie de forma nerviosa.

El espacio personal

La retirada durante el proceso de comunicación es una señal que expresa rechazo. Cuando se mantiene una cercanía sin invadir el espacio del interlocutor, se entiende que hay una proximidad emocional entre ambos.

Según estudios recientes, todo el mundo tiene un espacio personal muy delimitado: la zona íntima, de hasta 50 cm de distancia, es donde se acercan los más allegados.

La zona personal, hasta 125 cm, marca la distancia adecuada en el entorno laboral y social. La zona social, hasta los 2 o 3 m, es utilizada con personas ajenas a nuestro entorno (gente en la vía pública).

Componentes paralingüísticos

Los componentes paralingüísticos son variables de la voz, diferentes al contenido del mensaje, pero que lo modulan.

El volumen de la voz, cuya función más elemental consiste en hacer que un mensaje llegue hasta un oyente potencial, ha de ser suficientemente alto y variado. Un volumen alto de voz puede indicar seguridad y dominio. Sin embargo, cuando es demasiado elevado puede ser síntoma de tosquedad o agresividad. Los cambios en el volumen de voz se emplean en una conversación para enfatizar puntos, por el contrario, si no se perciben variaciones, será difícil mantener la escucha.

La entonación es un canal para comunicar sentimientos y emociones. Una escasa entonación, con un volumen bajo, indica aburrimiento y un tono lineal sin variaciones resulta monótono. Se percibe el mensaje más dinámico y atractivo si es transmitido utilizando una entonación variada.

La fluidez se manifiesta mediante un mensaje en el que no abunden las vacilaciones y repeticiones. Las perturbaciones excesivas del habla pueden causar una impresión de inseguridad o incompetencia. El informador debe evitar expresiones con palabras de relleno durante las pausas (por ejemplo, bueno).

La velocidad. Hablar lentamente puede hacer que los demás se impacienten o se aburran, mientras que si el informador se comunica con excesiva rapidez, puede no ser comprendido.

Actividad propuesta 1.3

Mira con atención las siguientes imágenes. Describe qué expresan y cómo lo hacen.

Muchos de los elementos de la comunicación no verbal son comunes en la mayoría de los países, aunque otros pueden tener un significado totalmente diferente.

En los núcleos con mayor demanda internacional, el informador se comunicará con personas procedentes de diversas culturas. En este caso, es aconsejable informarse previamente sobre los códigos de cortesía: la forma de acercarnos puede ser determinante para facilitar una comunicación efectiva. Un gesto apropiado en Europa, como estrechar la mano, puede ser interpretado como una agresión en países asiáticos.

1.2. Técnicas de protocolo e imagen personal

La labor del personal que trabaja como informador va a ser esencial a la hora de fidelizar al visitante. Por esta razón, para la prestación de un servicio de calidad, el informador turístico deberá conocer las principales técnicas de protocolo y las buenas prácticas de trato con el cliente.

Figura 6. Informadora turística.

Cuando se trabaja de cara al público hay que prestar atención a dos puntos importantes: la imagen personal y las técnicas protocolarias.

Aspectos como la adecuada vestimenta y el correcto uso del lenguaje verbal y no verbal resultan fundamentales en el desarrollo del trabajo de cara al público.

También se hace imprescindible que el informador turístico, en el desarrollo de su actividad, haga uso de expresiones de cortesía acordes a la persona con la que se está comunicando.

Objetivos:

- Conocer las técnicas de protocolo básicas como informador.

- Identificar los puntos más relevantes para una correcta imagen personal.

1.2.1. El protocolo

Se entiende por protocolo el conjunto de reglas que se han de seguir para "saber estar" en determinadas situaciones. El informador turístico debe conocer este tipo de técnicas para prestar un servicio de calidad y, así, proyectar una imagen positiva hacia el visitante. El informador debe saber cómo actuar, estar y ser en todo momento en la atención al cliente.

Cuando la empresa disponga de fórmulas de cortesía predeterminadas, estas deberán ser empleadas por todo el personal en sus diferentes áreas de actuación.

En caso de que no se encontraran definidas, se emplearán las normas básicas de relación y educación entre personas:

- Saludar.

- Ofrecer ayuda educadamente.

- Si se conoce al receptor, dirigirse por su apellido.

- Despedirse cortésmente.

El informador tendrá siempre un trato amable con el visitante. Debe conocer, al menos, los idiomas oficiales de la comunidad autónoma en la que desarrolla su actividad laboral y ha de ser capaz de transmitir la información pertinente en un idioma extranjero, preferiblemente inglés por su reconocimiento internacional.

Las 10 principales reglas en la atención al cliente son:

1. Esforzarse en conocer al cliente y sus necesidades.

2. Conocer bien la información que se va a transmitir.

3. Considerar la propia imagen personal como parte del servicio.

4. Mostrar disponibilidad por atender y ayudar a los clientes.

5. Tener una actitud positiva y mostrarse cortés.

6. No decir NO, buscar una solución.

7. Escuchar con atención y expresarse con claridad.

8. Convertir las quejas en oportunidades para mejorar.

9. Respetar a los compañeros y trabajar en equipo.

10. Interesarse en aprender y mejorar habilidades y conocimientos.

Algunas recomendaciones para un adecuado "saber estar":

El informador estará siempre **accesible** para el visitante, lo que significa que se encontrará visible en todo momento y, en caso de que exista un mostrador, se intentará, en la medida de lo posible, no dar la espalda al visitante.

Se mantiene una observación **constante** del área de actuación y de los visitantes que en ella se encuentran.

Cuando un visitante se dirija a cualquier empleado, independientemente de que no se trate de su área de actuación, se le atenderá con **amabilidad** verificando que el visitante satisface su demanda.

Se deberá primar la **rapidez** en la atención al visitante presencial. El personal dejará los trabajos que pudiera estar realizando, siempre que esto sea posible, cuando un visitante se dirija a él. En el caso que no fuera posible, se pedirán disculpas y se intentará atenderlo con la mayor celeridad.

En caso de estar ocupado cuando llega un visitante, bien de manera presencial con otro visitante, bien por teléfono, se realizará una **indicación gestual** de identificación y se mantendrá el contacto visual con aquel en espera. En caso de que se esté ocupado con otro empleado, se pospondrá el asunto hasta que se verifique la necesidad del visitante.

Si estando atendiendo a un visitante se produce una llamada telefónica, se solicitará la **autorización** de este para contestar y se dejará en espera o se pospondrá.

El personal deberá primar la **discreción** y evitará conversaciones o llamadas personales que puedan ser oídas por el visitante.

Cualquier problema de trabajo entre el personal deberá ser resuelto sin perder la compostura y manteniendo el tono de voz y un **vocabulario correcto**.

Si se debe interrumpir a un empleado que está atendiendo a un visitante, previamente se solicitará la autorización del visitante.

Si por cualquier motivo se tuviera que dejar al visitante, se pedirá disculpas, intentando que un compañero se ocupe lo más rápidamente de él. En caso de que el visitante decidiera esperar, se intentará volver **lo antes posible**.

En caso de estar realizando una gestión que requiere una espera, se mantendrá como mínimo el **contacto visual** durante el desarrollo de la misma. Cuando la espera prevista sea excesiva (más de 5 minutos), se ofrecerá un lugar de espera donde el visitante pueda sentarse.

La relación con los visitantes será siempre de **"usted"**.

Se despide al visitante **con una sonrisa** y deseándole una buena estancia en el destino. En el momento de la despedida se le invita a cumplimentar las encuestas de satisfacción.

Si bien el comportamiento y los modales tienen un componente universal, hay ciertos usos, costumbres y tradiciones que diferencian a unas culturas de otras. Por ello, es importante conocer los aspectos principales de cada cultura a la hora de informar al visitante.

En líneas generales, hay culturas más ceremoniosas que otras. No hacer una reverencia a tiempo, por ejemplo, no tiene las mismas consecuencias en todas las culturas, por lo que es importante conocer el grado de apreciación en cuanto a normas y reglas sociales.

Los europeos tienen fama de sobrios, de gusto por la discreción y la calidad. Los americanos, en general, tienen fama de ser más directos y menos solemnes.

Los orientales son muy ceremoniosos y no son dados a socializar fuera de su entorno laboral. Tampoco son partidarios del contacto físico, ni de demostrar sus sentimientos en público.

En cuanto a las presentaciones y exposiciones, los europeos son más mesurados y meticulosos. A los norteamericanos les gusta más el "mostrar" y utilizar mucha tecnología. Los orientales son más dados a presentaciones con muchos gráficos y colores. Son buenos aliados los libros de arte, fotografía o con información sobre nuestro país de origen.

Toda institución tiene relaciones con otras organizaciones, con la administración pública y con empresas a nivel nacional e internacional. Es habitual recibir visitas y llamadas telefónicas por diferentes motivos; para presentaciones de nuevos productos o servicios, para renovar o negociar nuevos acuerdos... Es indispensable considerar el protocolo, costumbres, gestos o expresiones apropiados en cada caso con el fin de facilitar las relaciones y la efectividad de la actividad. En resumen, el informador deberá atender de forma adecuada a las visitas para generar relaciones cordiales y, así, facilitar el trabajo conjunto y las negociaciones.

1.2.2. La imagen personal

La forma de vestirse, peinarse o las condiciones de aseo personal introducen matices en la comunicación oral y hacen que el aspecto sea en ocasiones motivo de rechazo o de bienvenida. Además, es una muestra muy representativa de la aceptación o no de la norma social.

El informador debe cuidar los siguientes aspectos para mantener una imagen personal adecuada ante el visitante:

- La apariencia.
- La vestimenta.
- La higiene.

La apariencia

La apariencia desempeña un papel crucial en la creación de una primera impresión positiva y en la transmisión de una imagen profesional y confiable. Y el físico es, sin duda, un atributo esencial en la elaboración de nuestra identidad. Las características propias que definen físicamente a cada persona se denominan *fisonomía:* una altura, un peso determinado, una forma particular de la cara, un determinado color de la piel, del pelo, de los ojos...

Para tener una buena apariencia, no se necesita tener un cuerpo perfecto. Cuando uno se valora tal y como es, refuerza su autoestima y proyecta una imagen corporal positiva.

El ejemplo más claro lo tenemos en el primer debate televisado de unas elecciones presidenciales en Estados Unidos. Nos referimos al famoso enfrentamiento entre Nixon y J. F. Kennedy que, en 1960, dio un giro inesperado a los resultados electorales. Todo fue cuestión de imagen.

Richard Nixon acababa de estar hospitalizado por una lesión de rodilla, había perdido peso y estaba agotado por la campaña electoral, a la cual no había renunciado a pesar de sus dolencias. Incauto él, renunció al maquillaje que podía haberle disimulado tantas vicisitudes y las malas pasadas de los focos del plató. Por el contrario, Kennedy llegó al estudio de televisión bronceado, descansado y sereno, se maquilló y apareció ante las cámaras con un aspecto saludable, que claramente contrastaba con el de Nixon, que no dejó de sudar durante todo el proceso. La evidencia más clara de la importancia de la imagen que transmitieron ambos candidatos fueron los resultados de las encuestas. Mientras que aquellos que vieron el debate por televisión aseguraban que el senador Kennedy era el vencedor indiscutible del debate, aquellos que lo siguieron por radio señalaban a Nixon como ganador incondicional. Quedó demostrado que en la vida, ya sea pública o privada, no solo es importante lo que decimos y cómo lo decimos, también es esencial la imagen de quien lo dice. De hecho, no podemos olvidar que lo que decimos tan solo representa un 10 % del mensaje que recibe cualquier interlocutor, el resto es entonación, imagen y lenguaje corporal.

El vestuario

En el ámbito laboral, la imagen que proyecta el informador como individuo es otra presencia de marca de la empresa. En dicha proyección, la vestimenta juega un papel importante.

El vestuario debe lucir siempre bien limpio, planchado y en perfecto estado de conservación. De nada sirve utilizar ropa de calidad y/o de marca si esta tiene manchas, está arrugada, tiene rotos o descosidos. De la misma manera, hay que adecuar el vestuario a la edad.

Existen una serie de reglas para vestir en el trabajo. Factores como el clima, el cargo, tareas y responsabilidades asignadas condicionan el tipo de vestuario adecuado, el cual se debe ajustar a las políticas establecidas y que son de obligatoriedad por parte del informador.

Si la institución para la que realiza la actividad laboral establece un uniforme, deberá llevarse siempre y de la mejor manera. Los uniformes han sido creados para que las personas que los utilizan reflejen seguridad y tranquilidad.

Algunas recomendaciones para llevar el uniforme de manera correcta:

- Acójase al diseño del uniforme.
- No modifique el ajuste de las prendas, ni los dobladillos establecidos.
- Lleve limpias y planchadas las prendas que conforman el uniforme.
- Use el mínimo de accesorios. Estos han de ser pequeños y discretos. Busque que se ajusten a los colores del uniforme, incluyendo bolsos y zapatos.
- No use bufandas, cuellos ni pañoletas que no formen parte del uniforme.

Pautas de vestuario a seguir en caso de que la institución no proporcione uniforme:

La mujer en el trabajo

Pautas de vestuario que se deben seguir en caso de que la institución no proporcione uniforme:

Algunas de las pautas tradicionales son estereotipos de un código de vestimenta, es decir, son elementos tradicionales en la cultura occidental.

Los nuevos tiempos los están cambiando y no todas las empresas cumplen cada uno de estos puntos estrictamente, permitiendo más flexibilidad a sus empleados.

El estilo business casual

El *business casual* es un estilo de vestimenta con diferentes definiciones. Se entiende mayormente como una combinación entre un estilo profesional incluyendo traje y camisa con elementos y modificaciones de un estilo más informal.

Puedes identificarlo en las apariciones públicas de Steve Jobs, Mark Zuckerberg o Bill Gates en presentaciones. Son considerados popularmente como los pioneros del estilo. Seguramente recuerdas el suéter de cuello alto de Steve Jobs en sus presentaciones o las simples camisas de Bill Gates en entrevistas.

Sin embargo, en empresas sin tanto poder de influencia, este estilo puede llegar a malinterpretarse. Romper un código de vestimenta formal y optar únicamente por el *business casual* no debería hacerse a la ligera. Asegúrate de que vestir de manera más informal es apropiado en tu entorno. Pregunta si es necesario.

El estilo business formal

Este tipo de código de vestimenta irá marcado por el tipo de empresa en la cual se trabaje. Normalmente, las empresas de servicios de atención al cliente establecen un código *business formal* como requisito en su imagen laboral, tanto a la hora de desempeñar sus funciones laborales como a la hora de asistir a reuniones o eventos.

Aunque las empresas darán directrices más concretas a sus empleados, lo normal es que las personas reflejen una imagen elegante y profesional. Se utilizan tonos neutros y oscuros para el traje, como el negro o el azul oscuro, y para las camisas, tonos claros, como blanco, beige o también azul. No se permite utilizar accesorios demasiado estridentes y es recomendable llevar un maquillaje sobrio y formal y un peinado sencillo. Los zapatos y otros accesorios como carteras y bolsos deberán ir acordes al resto de la vestimenta y no destacar demasiado.

Lo mismo ha de hacerse con los complementos, que deben ir acordes al tipo de vestuario utilizado. Usar discretamente accesorios como un anillo, un reloj o una pulsera sencilla pueden dar un valor extra al vestuario.

ADECUADO	NO ADECUADO
Mangas al hombro, manga corta, larga o ¾.	Mangas anchas pronunciadas, blusas de tirantes o amarradas al cuello.
Escotes discretos.	Escotes pronunciados.
Camisas entalladas a la figura.	Camisas ceñidas que dejan ver toda la figura.
El largo adecuado de la camisa es a la cintura.	El largo de la camisa no debe dejar ver la piel de la cintura y menos el ombligo.
Ropa formal.	Ropa sexy.
Las faldas deben estar 4 cm por encima de la rodilla.	Las minifaldas. Las faldas muy entubadas. Faldas con aberturas profundas. Faldas y vestidos sin medias.
Zapatos cerrados en una altura no mayor de 6 cm.	Plataformas. Sandalias. Zapatilla de deporte. Zapato de punta destapada.
Elegir la ropa de la talla adecuada.	Elegir la ropa muy ancha o muy ceñida.
Pantalones con la bota justo donde empieza el tacón del zapato. Pantalones con bolsillos discretos. Pantalones de telas formales.	Pantalones que se arrastren o muy cortos. Pantalones de cinco bolsillos. Pantalones vaqueros. Pantalones por dentro de las botas.

El hombre en el trabajo

Para el hombre, el vestuario básico y clásico de toda la vida es la chaqueta y la corbata. Es recomendable establecer las claves para combinar trajes y corbatas o pañuelos. Los zapatos más idóneos son los negros de cordones con calcetines, que han de estar combinados. Complementos tales como gemelos, reloj y alfiler de corbata dan un toque de elegancia.

ADECUADO	NO ADECUADO
Camisas manga larga. Camisas por dentro del pantalón.	Camisa de manga corta. Camisetas tipo polo. Camisetas de deporte. Camisas por fuera del pantalón. Colores excesivamente llamativos o con estampados extravagantes.
Pantalones de traje en tonalidades azules, grises, cafés. Rectos y con pasadores para el cinturón.	Pantalones en materiales que se arrugan fácilmente con colores fuertes y con brillo. Pantalones con bolsillos externos y remaches.
Zapatos de cuero con o sin cordones.	Sandalias. Zuecos. Zapatillas deportivas.
Bolsillos libres.	Bolsillos con lapiceros, tarjetas y papeles.
El color de los calcetines del mismo tono del pantalón. Para pantalones de tonos claros, el calcetín se usa del color del zapato.	Calcetines de colores fuertes y de tonos diferentes al pantalón.
El largo de la bota del pantalón donde comienza el tacón del zapato.	El largo de la bota del pantalón por debajo del tacón del zapato o por los tobillos.

La higiene

Debemos tratar de tener un aspecto agradable y limpio.

Tener una buena imagen no es solamente cuestión de vestuario. Nuestra imagen exterior está muy condicionada por tener un aspecto limpio y aseado.

Esto se consigue con:

- Una buena higiene corporal diaria.
- Uso de lociones y/o perfumes suaves.
- Un cabello cuidado y bien arreglado.

- Una barba y/o bigote arreglado y de tamaño discreto.

- Rostro limpio, afeitado sin *piercings* ni tatuajes visibles.

- Unas uñas bien cortadas, limpias y a poder ser sin esmalte ni brillo.

- Unas manos limpias.

- El uso de un maquillaje moderado.

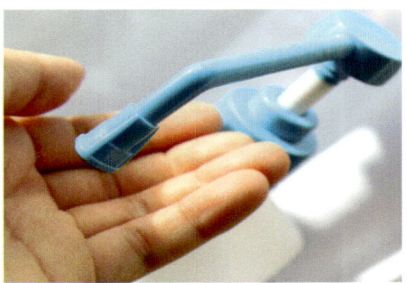

Figura 7. Manos limpias en la higiene diara.

El informador debe dar una imagen exterior correcta, sin perder su personalidad.

 DEBES CONOCER

Cómo lavarse las manos para una higienización total:

- Mójate las manos con agua potable caliente (40-45 °C).

- Enjabónate las manos con jabón líquido bactericida. No hace falta poner gran cantidad, lo importante es la duración del lavado.

- Frota vigorosamente las manos, realizando fricción mecánica en las palmas, dorso y espacio interdigital, e incluso en brazos. El tiempo aproximado necesario es de unos 20 segundos. Ten especial cuidado con las uñas, que es donde más gérmenes suelen acumularse. Si fuera necesario, puedes utilizar un cepillo de uñas de uso personal.

- Aclara con agua tibia o fría desde los dedos hasta los codos.

- Finalmente, sécate las manos con toallas de papel de un solo uso. Con ello, se evita la recontaminación de las manos. El secado de las manos es fundamental, pues tiene efecto letal sobre los microorganismos.

La marca personal

La marca personal (en inglés *personal branding*) es un concepto de desarrollo personal que consiste en **considerarse uno mismo como una marca**, que al igual que las marcas comerciales, debe ser elaborada, transmitida y protegida, con ánimo de diferenciarse y conseguir mayor éxito en las relaciones sociales y profesionales. El concepto de marca personal nació como una técnica para conseguir trabajo. Tom Peters es considerado uno de los precursores de este término a raíz de una publicación que realizó en 1997 llamada *The Brand Called You*.

Figura 8. *Personal Branding.*

La importancia y relevancia de la marca personal (o *personal branding*) conti-núa creciendo en la actualidad, donde la conectividad digital y la globalización han transformado la manera en que nos percibimos a nosotros mismos y cómo nos presentamos al mundo. Ampliando el concepto original, el desarrollo de una marca personal va más allá de buscar simplemente empleo; se trata de esta-blecer una identidad distintiva que refleje nuestras habilidades, valores y pa-siones, y que nos permita destacar en un entorno cada vez más competitivo y cambiante.

El proceso de desarrollar una marca personal implica identificar y comunicar nuestras fortalezas y habilidades únicas, así como nuestra pasión y propósito. La autenticidad y la coherencia son claves para construir una marca personal sólida y creíble, ya que se valoran cada vez más la transparencia y la honesti-dad en las interacciones.

En una selección de personal, el entrevistador valorará las habilidades sociales que posee cada candidato con objeto de elegir correctamente a la persona que cubrirá un puesto de trabajo como informador.

El secreto está en dar verdadero valor a todas nuestras acciones profesiona-les que Peters denomina "proyectos". Debemos entender cada información que ofrezcamos como un proyecto, un reto gratificante mientras lo estamos reali-zando y, una vez finalizado, un valor añadido para nuestra marca. Con el tiem-po, el poder de influir en otras personas y proyectos de mayor envergadura irá ligado al desarrollo de nuestra marca personal.

Actividad propuesta 1.4

Trabajas como informador en la oficina de turismo de tu localidad. Te acaban de informar que se va a cambiar el uniforme, por lo que mañana deberás llevar tu propio vestuario.

Realiza una lista con las prendas adecuadas que vestirás mañana incluyen-do complementos.

1.3. El informador como asesor de tiempo libre

Las empresas del siglo XXI se esfuerzan por captar el mercado ofreciendo una amplia y diferenciada gama de productos. Se caracterizan, también, por valorar la importancia de la calidad en la prestación del servicio. El sector turístico no es ajeno a estas tendencias, de forma que existe un gran número de empresas que se esmeran en personalizar su oferta de alojamiento, actividades culturales, gastronómicas, profesionales, o deportivas para captar la atención del consumidor. Este ha evolucionado y hoy valora, sobre todo, la excelencia en el servicio, la personalización y la experiencia exclusiva.

Todo destino que desee mantener su posicionamiento de liderazgo o incrementar sus visitas debe planificar adecuadamente el desarrollo y gestión de la actividad turística para dar respuesta a estas necesidades dentro del marco de la sostenibilidad y la accesibilidad universal.

El informador turístico, como asesor de tiempo libre, juega un papel muy importante en la transmisión de una imagen positiva del destino al ofrecer un servicio personalizado que redunde en la satisfacción y fidelización.

Objetivos:

- Identificar y analizar la información turística según las situaciones.
- Seleccionar y transmitir información en función de los intereses y perfil de los interlocutores.

1.3.1 Personalización de la atención y la acogida

El fin primordial de cualquier entidad es lograr la fidelización de sus usuarios y, para lograr este objetivo, debe utilizar todos los recursos disponibles. En un entorno cada vez más competitivo, donde los clientes tienen al alcance de la mano toda la información acerca del mercado, resulta imprescindible prestar un servicio de atención óptimo que sirva de elemento diferenciador frente a la competencia y lograr, de esta manera, retener a los clientes y motivarlos hacia el consumo de su oferta. En el caso de las oficinas de turismo, se buscará que el visitante consuma los servicios ofrecidos por el destino en el que se encuentran ubicadas.

Un servicio óptimo de atención al cliente busca entender las necesidades del usuario para poder ofrecerle el producto y los servicios más apropiados y, de esta manera, lograr que adquiera aquello que logre alcanzar sus expectativas. La satisfacción no solo tiene como consecuencia la fidelización de los visitantes, sino que puede llegar a generar un aumento de la cuota de mercado y de su rentabilidad.

Teniendo en cuenta que el turista actual se caracteriza por ser más experimentado y exigente, el servicio prestado en la oficina de turismo debe tener en consideración las cuestiones que se indican a continuación para motivar el consumo de servicios y productos ofrecidos en la zona:

- **Información**

  El informador ha de ser un experto del destino y debe estar dispuesto a explorar de manera continua el entorno desde donde opera su oficina. Solo de esta manera podrá facilitar a los visitantes la información requerida utilizando todos los medios a su alcance. La naturaleza de la información es variada, como se puede observar en el listado siguiente.

  Información turística:

  — Patrimonio histórico-artístico.

  — Recursos naturales.

  — Enogastronomía.

  — Rutas.

  — Agenda: eventos deportivos, culturales, sociales.

  — Horarios de apertura.

  — Localización de los servicios básicos: alojamiento, restaurantes.

  — Transporte/movilidad urbana.

  — Bonos turísticos, culturales.

  — Compras y artesanía.

  — Otro tipo de información.

  Información complementaria:

  — Seguridad.

  — Medioambiente.

  — Salud.

  — Entidades bancarias y otros servicios de transferencia de dinero.

— Servicios de mensajería.

— Accesibilidad.

— Otro tipo de información.

El visitante espera encontrar el apoyo de un experto que sepa entender, buscar y transmitir el conocimiento requerido.

El informador, por su parte, debe ser consciente de que además de adecuar el mensaje debe generar interés por el lugar, puesto que no en vano su actuación es clave e influirá en la selección de los lugares que se van a visitar, la duración de la estancia, la planificación de futuros viajes o la realización de diferentes actividades.

Se hace imprescindible contar con suficiente material gráfico que apoye las explicaciones y sirva como herramienta de promoción.

TAREAS DEL PERSONAL DE LA OFICINA

- Información presencial, telefónica y telemática al visitante.
- Tratamiento de las reservas: visitas guiadas.
- Coordinación de las visitas guiadas.
- Comprobación del *stock* del material de soporte.
- Aprovisionamiento y, si fuese necesario, renovación del material de soporte.
- Distribución del material.
- Mantenimiento en perfectas condiciones del mobiliario y del equipamiento.
- Orden del espacio público y de trabajo.
- Decoración de la oficina poniendo en valor los valores del destino.
- Venta de publicaciones turísticas, entradas, bonos turísticos, visitas guiadas e incluso, artesanía.
- Recogida de datos: fundamentalmente procedencia.
- Confección de estadísticas.
- Actualización de la información: agenda cultural, eventos gastronómicos, tarifas, entre otros.
- Confección de cuestionarios de satisfacción y su posterior evaluación.

Figura 9. Espacio ordenado. *Autora: Coque Martínez, María Luisa.*

- **Veracidad y seguridad**

  Uno de los derechos de los usuarios de los servicios turísticos es recibir una información veraz y actualizada sobre las costumbres, riquezas artísticas, culturales y naturales de los lugares visitados. Cuando se presta un servicio de manera precisa, se genera la confianza que inspira el cumplimento de las promesas y esto redunda en una sensación de seguridad imprescindible para el visitante.

- **Profesionalidad**

  Este punto aglutina los dos anteriores, es decir, el conocimiento en profundidad de la oferta y de las necesidades del cliente. Además, se requiere que el informador sea amable y respetuoso y dicha amabilidad se manifiesta en la predisposición a atender de manera inmediata al visitante. Se transmite interés por las solicitudes de información contestando a las preguntas, anotando los datos proporcionados cuando la complejidad o importancia lo recomiende, dando prioridad a cierta información y gestionando el tiempo de forma eficaz.

Accesibilidad

La accesibilidad es clave para garantizar una buena acogida y esta depende de la adecuación del espacio, los soportes y la lengua utilizada.

Una oficina accesible dispone de:

- Atención en lengua de signos.
- Bucles magnéticos.
- Encaminamientos podotáctiles.
- Apoyos isquiáticos.
- Plano háptico.
- Mostrador adaptado.

Figura 10. Plano háptico.

Puntos de autoinformación

Los puntos de autoinformación ponen a disposición de los usuarios la información de forma directa a través de terminales informáticos o soportes escritos, sin necesidad de la intervención del personal. Entre estos puntos destacan los de información multimedia a disposición en oficinas de turismo con un elevado número de visitas. Los puntos de autoinformación interactivos permiten a los visitantes obtener información del destino en la misma oficina de turismo o en otros lugares del entorno, pudiendo también utilizar ordenadores para la consulta de información variada, como la página turística del destino.

Es importante asegurarse que dichos puntos están abastecidos del material necesario, así como que los equipos de información multimedia con acceso a los recursos de la web se hallen en perfecto estado de uso.

Es habitual que las administraciones doten el espacio de tótems multimedia, pantallas táctiles o códigos QR con acceso a aplicaciones o páginas web.

Servicios gratuitos y de pago

En la mayoría de los casos, las oficinas ofrecen información gratuita mediante el suministro de materiales gráficos —folletos, planos, guía de comercios, entre otros—.

También se pueden adquirir una serie de servicios al margen de la propia información, aunque relacionados con esta. Son ejemplos: visitas guiadas, entradas a museos municipales, bonos turísticos o productos locales.

Coordinación con otros agentes de destino

La información en destino no es facilitada únicamente por el personal de la oficina de información turística, sino que existen muchos más agentes en destino que juegan un papel importante a la hora de promocionar un lugar. La coordinación entre dichos agentes posibilita un trabajo unificado que desembocará en la optimización de la gestión del espacio turístico. Para que la coordinación entre agentes suponga una ventaja competitiva se deberá establecer conjuntamente un modelo de desarrollo que será evaluado a lo largo del tiempo, es decir, no es conveniente implantar un modelo de desarrollo turístico que no esté sujeto a evaluación y mejora continua y sin la intervención de todos los agentes implicados.

A continuación, se indican algunos de los Agentes implicados:

- Agentes implicados: actividades de intermediación, transporte, alquiler de vehículos, comercios, alojamiento, restauración, actividades deportivas y lúdicas, guías, etc.

- Entidades públicas: con competencias en el ámbito de protección del patrimonio, ordenación del territorio, servicios deportivos, seguridad pública, etc.

- Centros de interpretación: museos, centros culturales, de educación ambiental, etc.

- Población local: ejerce una influencia importante en la forma de transmitir tanto la información como el contenido.

Actividad propuesta 1.5

Realiza un listado de todos los agentes turísticos de tu localidad o provincia.

Analiza qué tipo de información pueden facilitar al visitante.

Visita los centros, por ejemplo, culturales y analiza la información turística que disponen.

Responde a las siguientes cuestiones: ¿Existe coordinación entre ellos? ¿Favorecen el desarrollo turístico del entorno?

¿Qué carencias puedes observar y qué tipo de mejoras introducirías?

1.3.2. Adaptación de la información a los tiempos de estancia y consumo (soportes informativos)

Las oficinas de turismo, como hemos visto anteriormente, requieren el uso de diferentes fuentes, tanto internas (generadas por la oficina) como externas (facilitadas por agentes ajenos a la oficina), para poder nutrirse de datos así como brindar orientación sobre el destino. A través de dichas fuentes se obtiene información sobre visitas guiadas, alojamiento, eventos, actividades culturales, horarios de museos, restaurantes, comercios, etc. Esta información se presenta en diferentes soportes promocionales como planos, mapas, folletos, guías, cartelería o directorios. En este apartado se indicarán las fuentes, sea en formato analógico o digital, más utilizadas que pueden llegar a servir como herramienta de fidelización; si el visitante vive, conoce, disfruta y hace suya la zona que visita es muy posible que regrese.

Todo material utilizado independientemente del soporte ha de cumplir con una serie de requisitos elementales:

- Ser comprensible.

- Comunicar los valores del destino.

- Ser preciso en la información.

- Motivar al visitante a leer más allá del titular.

- Desarrollar un vínculo de confianza.

- Promocionar la marca turística del destino.

- Mostrar una imagen de calidad.

- Encontrarse en buen estado de conservación.

- Estar actualizado.

- Adaptarse a las necesidades de la demanda (idioma, accesibilidad, motivación).

Guías o folletos turísticos

Material expuesto. Las guías o folletos turísticos representan la fuente más importante a disposición del informador turístico. Deben estar claramente identificados y guardados en el mismo lugar, que siempre ha de tener fácil acceso. En los expositores accesibles al público, se colocan los folletos más demandados. Han de estar ordenados por temáticas y encontrarse disponibles en varias lenguas en función del perfil de la demanda: español, inglés, francés, alemán, etc. También se pueden adquirir a través de códigos QR mediante la descarga de un enlace publicado o tras la cumplimentación de una solicitud en el sitio web.

Pueden ser **genéricos,** con información sobre museos y recursos turísticos más populares "imprescindibles para saborear el entorno", o **temáticos,** cuyos contenidos versan sobre una determinada materia como deporte (golf, surf, senderismo), gastronomía, vinos, naturaleza, escapadas urbanas, turismo religioso, familiar, idiomático, literario, etc.

Estas publicaciones incluyen una descripción de los lugares de ocio, restaurantes, zonas de tapeo más conocidas, tiendas, los mejores sitios para practicar deporte, entre otros. En la medida de lo posible se emplea la guía turística oficial de destino como soporte de apoyo para proporcionar información objetiva que se abstenga de preferencias hacia determinados establecimientos.

Guías de servicios

Las guías de servicios aportan información sobre la red de servicios de atención e información turística, listados de museos.

Agenda de actividades

La agenda de actividades es la revista turística oficial del lugar. Contiene información periódica sobre eventos, así como datos útiles y planos.

Mapas y planos urbanos

La solicitud de mapas se encuentra entre los servicios más demandados en las oficinas de turismo. Este material, como las guías y folletos, se presenta en papel, en formato de cartelería fija o digital accesible a través de pantallas táctiles o códigos QR. Están generalmente disponibles, al menos, en dos o tres idiomas, como, por ejemplo, español, inglés o chino.

Los planos urbanos o callejeros aportan información sobre los principales puntos de interés turístico, alojamientos y otros datos de interés, como la ubicación de las principales terminales de transporte.

En caso de que la atención sea presencial, el informador deberá comenzar sus explicaciones partiendo de la ubicación de la oficina de turismo para mostrar la situación, distancia y tiempo de recorrido de las posibles visitas o rutas. Generalmente, los planos urbanos incluyen nombre, dirección y datos de contacto de hoteles y restaurantes sugeridos además de teléfonos útiles (oficina de turismo, ayuntamiento, emergencias, policía local, policía nacional, bomberos, centro de salud, taxi, zonas wifi, etc.).

Como se ha mencionado anteriormente, se puede disponer de planos hápticos, diseñados para que los visitantes con discapacidad visual puedan "ver" la ubicación de los lugares y sus características. Tocando dichos planos se ubican en la estructura urbana, realizando mentalmente una representación del entorno físico. Además de los callejeros, se puede facilitar otro tipo de mapas, sean estos de transporte urbano, bus turístico o de contenido específico con rutas gastronómicas, enológicas, de cicloturismo. Un ejemplo es el plano del Camino de Santiago por Bizkaia o mapa sobre gastronomía, ambos disponibles en las oficinas de información turística de Bilbao.

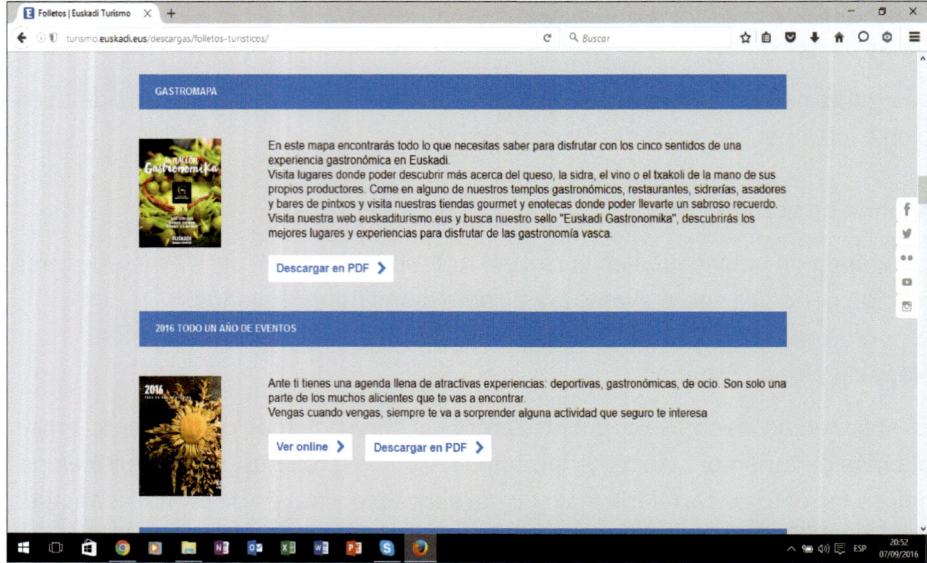

Figura 11. Plano gastronómico de Euskadi.
Recogido desde http://turismo.euskadi.eus/descargas/folletos-turisticos/

Actividad propuesta 1.6
Visita la oficina de información turística de tu localidad.
Busca los mapas disponibles.
Elabora un mapa temático diferente a los expuestos indicando los puntos de visita más importantes.

Audioguías

Es un sistema electrónico que almacena contenidos turísticos del destino. Las audioguías son utilizadas por el visitante que desea disfrutar de la ciudad de forma independiente. Los audios incluyen información histórica, técnica y visual de monumentos, museos, edificios de interés, calles... Están disponibles en diferentes idiomas y suelen ofrecer bastante calidad. Pueden ser de pago o gratuitas.

Carteles y paneles

En lugares estratégicos de las oficinas de información turística se distribuyen carteles temporales anunciando festividades u otro tipo de eventos del destino.

Una tendencia cada vez más frecuente, siendo una alternativa o complemento a la cartelería, la constituyen las pantallas, que permiten proyectar vídeos y retransmisiones en directo a través de *streaming*.

Exposiciones

Ciertas oficinas disponen de un espacio más o menos amplio que da cabida a exposiciones temporales de interés sobre recursos relacionados con el destino u otros que sirvan para dinamizar el espacio. Además de la zona de exposiciones, las oficinas pueden disponer de sala de conferencias para organizar presentaciones o jornadas.

Actividad propuesta 1.7

Realiza una visita virtual de oficinas de información turística ubicadas en varias ciudades importantes.

Elabora una relación de todos los materiales y medios de información ofertados y compáralos.

¿Qué similitudes existen? Analiza si comunican de forma adecuada los beneficios del destino y promocionan su marca turística, si son precisos en la información, si motivan al visitante a leer más allá del titular, si están actualizados, en qué idiomas están disponibles y si facilitan la accesibilidad.

1.3.3. Adaptación de la información a las expectativas de viaje

Cuando se llega a un destino por primera vez —o que se desea conocer mejor— la oficina de información turística puede convertirse en un punto de referencia valioso para muchos visitantes. Es el lugar, por tanto, donde se espera recibir asesoramiento experto para poder tomar decisiones acertadas durante la estancia. El visitante agradece que el personal de la oficina de turismo se interese por sus preferencias y necesidades (duración de la estancia, si viaja con menores o son personas de edad avanzada, desea realizar una serie de actividades concretas, etc.). Es fundamental que el informador tenga un amplio dominio de los recursos y servicios que el destino ofrece para que pueda asesorar con precisión técnica y de forma detallada y, de esta manera, brindar un consejo experto sobre los lugares que merece la pena visitar.

Para realizar bien estas tareas es necesario identificar las necesidades y expectativas del usuario teniendo en cuenta que la demanda no tiene una motivación única o dicha motivación no está tan definida. Por ejemplo, no es frecuente que las personas que visitan una zona se inclinen exclusivamente por una tipología de turismo, puesto que en la actualidad cuentan con múltiples opciones que permiten diversificar el viaje: turismo de sol y playa, urbano, cultural, gastronómico, de naturaleza, rural, activo… No obstante, el informador deberá conocer las tendencias de grupos por afinidad y para ello es imprescindible realizar una segmentación previa del mercado. Es importante subrayar que, además de la información obtenida mediante la segmentación, siempre se obtienen nuevos datos con cada visitante.

A continuación, se presentan algunas variables para poder analizar aspectos más concretos de la demanda, aunque es preciso señalar que, normalmente, los segmentos del mercado no están definidos por una sola variable, sino que el perfil de los consumidores queda determinado por varias características:

1. **Demográficas:** dividen el mercado objetivo en grupos clasificados por su sexo, edad o grupo de edad.

2. **Sociales:** organizan el mercado según la composición del hogar, el nivel educativo o la religión.

3. **Económicas:** estructuran a los consumidores en función de sus ingresos y ocupación.

4. **Geográficas:** posibilitan agrupar a los visitantes en función de su procedencia, sean de un país, comunidad autónoma, provincia o ciudad diferente.

5. **Variables psicográficas:** clasifican a los visitantes teniendo en cuenta aspectos más profundos que determinan en gran medida la imagen del mundo que les rodea. Son variables psicográficas la personalidad, los valores —que les empujan a realizar una serie de actividades o por el contrario a rechazarlas de forma tajante— y el estilo de vida. Los aspectos asociados a esta última variable son el afán de seguridad, de placer, la tendencia a la tradición, la libertad o la moda.

6. **Variables temporales:** estructuran el mercado en función de la época del año o fechas concretas que motivan su visita (verano, invierno, Navidad, Semana Santa, días festivos o puentes, fines de semana…).

7. **Variables conductuales:** permiten separar a los visitantes en grupos, según su conocimiento de un producto (ecoturismo, turismo de salud, cultura ..), su actitud frente al mismo, el uso y valor que le dan o la forma en que responden a un precio o promoción. Estas variables agrupan a los turistas por los beneficios esperados, ocasión de compra, grado de lealtad, grado de conocimiento y actitud ante el producto.

8. **Variables de repetición:** identifican al segmento del mercado que visita un mismo destino en más de una ocasión.

Dividir el mercado permitirá conocer finalmente qué intereses mueven a sus integrantes a viajar al destino donde se encuentra la oficina de información turística. En la actualidad podemos mencionar una serie de tendencias a las que se debe prestar atención, aunque se debe tener siempre en consideración que nos encontramos ante un tipo de demanda cambiante y muy sensible a las alteraciones del entorno.

Tendencias en las motivaciones:

1. El objetivo principal sigue siendo el descanso, incluso cuando se trata de desplazarse a entornos naturales.

2. La salud física, mental y emocional juega un papel relevante.

3. La diversión junto a las personas allegadas es uno de los motivos de peso.

4. Vivir experiencias es clave, especialmente si estas están asociadas a las aficiones de turista —personalizadas— sea el deporte, la música, el cine o las series.

5. El conocimiento que redunda en un crecimiento personal determina que una serie de turistas se incline por un destino determinado.

6. Los negocios y otros motivos asociados al ejercicio de una profesión. El *bleisure.*

Resulta de interés conocer las características de los visitantes en función de su lugar de origen. La siguiente tabla elaborada a partir de los datos publicados por Turespaña (2022) refleja las características de los viajeros que vienen a España tomando como referencia su procedencia.

PAÍS DE ORIGEN	PRINCIPALES MOTIVOS DEL VIAJE	PRINCIPALES ACTIVIDADES
Alemania Bélgica Reino Unido	1. Turismo de sol y playa 2. Ocio 3. Turismo cultural	1. Playa 2. Visitar ciudades 3. Compras 4. Disfrute de áreas naturales 5. Visitas culturales
Argentina Brasil	1. Turismo cultural 2. Ocio 3. Visitas a familiares o amigos	1. Visitar ciudades 2. Compras/visitas culturales 3. Gastronomía 4. Playa
Canadá	1. Ocio 2. Turismo cultural 3. Trabajo 4. Visitas a familiares o amigos	1. Visitar ciudades 2. Compras 3. Visitas culturales 4. Playa 5. Gastronomía
Corea del Sur	1. Ocio	1. Visitas culturales 2. Compras 3. Visitar ciudades
Francia	1. Turismo de sol y playa 2. Turismo cultural 3. Ocio 4. Visitas a familiares o amigos	1. Visitar ciudades 2. Playa 3. Compras 4. Visitas culturales 5. Gastronomía
Japón	1. Ocio 2. Trabajo y negocio 3. Visitas a familiares o amigos	1. Compras 2. Visitas culturales 3. Visitar ciudades 4. Gastronomía 5. Playa
Países Bajos	1. Turismo de sol y playa 2. Ocio 3. Turismo cultural	1. Visitar ciudades 2. Playa 3. Compras 4. Disfrute de áreas naturales 5. Visitas culturales

Orden de los datos: decreciente. Tabla de elaboración propia.

El conocimiento de las características del público objetivo presenta una serie de ventajas:

- Permite identificar a los visitantes que deberán ser objeto de estrategias y políticas comerciales diferenciadas.

- Ayuda a incrementar la eficacia de la actuación de la oficina de información turística.

- Es una vía para lograr mayor rentabilidad.

- Mejora la satisfacción de las necesidades y deseos de los visitantes.

El informador tiene a su disposición informes y estadísticas publicados por organismos oficiales, así como por organizaciones profesionales, que le permiten conocer el perfil de sus usuarios. Una herramienta complementaria y recurrente es la encuesta de mercado que permite recoger datos para su posterior análisis sobre el perfil del visitante. Las encuestas, disponibles en al menos dos o tres idiomas, suelen recoger información sobre:

- Edad y sexo.

- Lugar de procedencia.

- Número de personas con las que viaja y duración de la estancia.

- Motivos de la visita: descanso, familia, etc.

- Factores adicionales que influyen en la toma de decisión: recomendación, precio, cercanía, diversidad de actividades, etc.

- Medios de información sobre el destino.

- Medio de transporte utilizado para llegar al destino.

- Tiempo de anticipación y canales preferidos para realizar la reserva.

- Forma de pago y gasto diario por servicio.

- Tipo y categoría del alojamiento, servicios reservados, tipo de transporte utilizado durante la estancia.

- Recursos turísticos que desea conocer y actividades que le interesa realizar.

Las preguntas han de ser precisas y claras, seguir un orden lógico, estar numeradas y, si es extenso, estar divididas en apartados temáticos. Otras recomendaciones incluyen: vocabulario adecuado, elaborar instrucciones sobre cómo se ha de cumplimentar.

Pueden ser:

- Abiertas: como, por ejemplo, la procedencia.

- Cerradas: una opción a seleccionar entre las facilitadas, como, por ejemplo, el sexo.

- Con respuesta múltiple: dicotómica (dos opciones) o en abanico (tres o más opciones), como la motivación del viaje.

Actividad propuesta 1.8

Realiza un cuestionario dirigido a los visitantes de tu localidad, distrito, barrio.

No olvides:

- Incluir las instrucciones.

- Agradecer a la persona encuestada su participación.

- Formular de manera clara y concisa las preguntas que no deben ser muy numerosas.

Incluye las instrucciones en el cuestionario que no debe exceder las 10-12 preguntas.

¿En qué idioma o idiomas realizarías el cuestionario? Justifica tu respuesta.

1.4. Tipología de clientes

Como profesional del sector es importante conocer qué tipo de cliente es el que solicita información y entender qué busca en sus vacaciones o visitas.

Existen muchas clasificaciones que tratan de segmentar las diferentes tipologías de usuarios utilizando distintas perspectivas y enfoques para facilitar su estudio y, en consecuencia, mejorar las perspectivas de satisfacción.

Lo que parece común a los distintos tipos de clientes es que todos buscan un servicio personalizado y alejado del estándar. El acceso masivo a la información que permite internet ha jugado un papel fundamental en este hecho.

El informador turístico no debe nunca olvidar que las clasificaciones de clientes que existen son solamente un instrumento, una ayuda que los estudios psicológicos ofrecen para mejorar la capacidad de gestión en el desarrollo de su actividad laboral. No basta con ser capaz de clasificar un cliente, es necesario saber cómo tratarle y cómo enviarle el mensaje adecuado en cada situación.

Objetivos:

- Identificar al cliente y saber clasificarlo en turista, excursionista o visitante.

- Transmitir la información adecuadamente siguiendo el criterio de clasificación por comportamiento.

1.4.1. Visitantes (turistas y excursionistas)

Los visitantes constituyen toda persona que viaja a otro país o localidad distinto al de su residencia o entorno habitual y cuyo motivo principal de la visita no es el de ejercer una actividad que se remunere en el sitio visitado. Esta definición comprende las categorías de turistas y excursionistas.

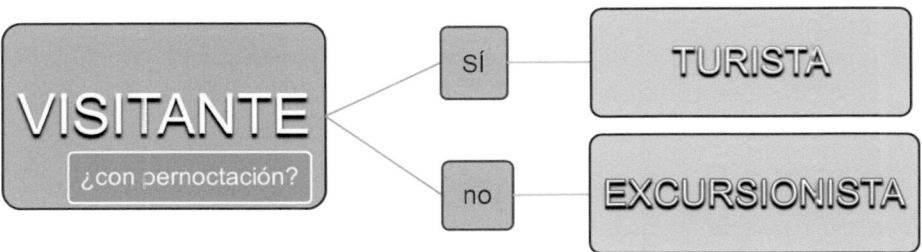

Según la OMT (Organización Mundial del Turismo), un visitante (interno, receptor o emisor) se clasifica como turista (o visitante que pernocta) si su viaje incluye una pernoctación, o como visitante del día (o excursionista) en caso contrario. Es decir, un excursionista es aquella persona que visita un destino pero no pernocta en él.

En el lenguaje común es frecuente utilizar estos términos para designar cualquier tipo de viajero indistintamente.

En las empresas dedicadas al turismo, la diferenciación entre estos términos marca la pauta para poder diseñar un paquete que se adapte mejor a lo que el cliente requiere. Muchas personas disponen de poco tiempo para viajar y, por lo tanto, esperan aprovechar al máximo el mismo, conociendo y realizando actividades fuera de lo común que impriman en ellos un recuerdo imborrable.

La palabra turista surge en el siglo XVIII cuando se pone de moda la costumbre de enviar a los jóvenes aristócratas ingleses a Europa como parte de su formación educativa. La finalidad era realizar lo que ya se conocía por entonces como el *grand tour*, un viaje a algunas provincias francesas, que implicaba un recorrido que en ocasiones llegaba a durar hasta 3 años, pero que, finalmente, tenía un regreso a su lugar de origen.

Y así en 1800 la palabra **turista** fue incorporada en el pequeño diccionario Inglés Oxford y cuya definición era: "Persona que hace una o más excursiones, alguien que viaja por placer o cultura, visitando varios lugares por sus objetos de interés, paisaje, etc.".

Las características del turista son las siguientes:

- Viaja a un lugar distinto al de su domicilio, regresando después al mismo.

- La duración de ese viaje, así como la permanencia en el destino, debe ser superior a 24 horas y como máximo durar un año. Ha de pernoctar por lo menos una noche en el lugar y no extender su visita más allá de lo indicado, pues de ser así será considerado como residente o inmigrante.

- Los propósitos del viaje son muy amplios y diversos. En un principio, no se consideraron turistas a aquellos que viajaban por motivos de negocios, a pesar de que, hoy en día, aun a ellos se les considera turistas.

- No se hace ninguna diferenciación entre raza, sexo, edad, idioma, ocupación, país de origen, etc. Las excepciones para ingresar a un país únicamente están dadas si se comprueba que dichas personas han incurrido en hechos ilícitos o que son personas "non gratas" en ese país.

El excursionista es aquel visitante que permanece menos de 24 horas en el país o localidad distinto al de su residencia o entorno habitual sin incluir pernoctación en el lugar visitado y cuyo motivo principal no es el de ejercer actividades remuneradas en dicho lugar, es decir, quien participa en un viaje corto.

Procede del latín *excursio*, que significa "salida, correría", y sus sinónimos son excursión, jornada, paseo, viaje, expedición... En este concepto también se incluye, por ejemplo, a los pasajeros de un crucero, los cuales, aunque se encuentran en un puerto determinado, se hospedan en su barco y no generan un ingreso para los hoteles del lugar.

Otra acepción que tiene la palabra excursionista es aquel que "mochila al hombro" se lanza a la aventura a lugares donde las actividades turísticas normalmente son extremas y de gran peligro.

También, según la OMT, el entorno habitual de una persona, concepto clave en turismo, se define como la zona geográfica (aunque no necesariamente contigua) en la que una persona realiza sus actividades cotidianas habituales.

Por lo tanto, podemos decir que un excursionista es una persona que se desplaza fuera de su entorno habitual por motivos distintos a un destino en el que no llega a pernoctar.

Visitante de un día es el término que corresponde exactamente a excursionistas y esta categoría puede comprender también a los viajeros en crucero, siempre que sus pernoctaciones se efectúen a bordo del barco. Si utilizan medios de alojamientos en el puerto de escala, serán considerados turistas.

Actividad propuesta 1.9		
Completa el siguiente cuadro comparativo puntualizando las características de cada concepto y sus rasgos comunes.		
CONCEPTO	**CARACTERÍSTICAS ESPECÍFICAS**	**RASGOS COMUNES**
Turista		
Visitante		
Excursionista		

1.4.2. Clientes internos (oferta del destino y población local)

Los Centros de Información Turística son aquellos espacios físicos que existen *"para dar la bienvenida a los visitantes, hacer más grata su experiencia y facilitarles información de forma que permanezcan más tiempo en la localidad"* (OMT, 1993 Desarrollo Turístico Sostenible, guía para planificadores locales. Organización Mundial del Turismo, Madrid, 1993).

La tarea del informador turístico consiste en el asesoramiento a los turistas que visitan un lugar sobre los recursos y actividades que pueden encontrar. Es un trabajo mucho más multidisciplinar de lo que parece a simple vista, pues va desde ofrecer información hasta la promoción de un determinado territorio, pasando por el asesoramiento de proyectos turísticos o la planificación de rutas de viaje adecuadas a las necesidades o expectativas de los turistas.

El informador turístico debe saber transmitir la originalidad de la región, más allá de un listado de monumentos, restaurantes o eventos para captar la fidelidad de un visitante que cada vez es más exigente. Así, se convertirá en un agente de promoción que abandona la filosofía pasiva de dejar que los turistas vayan a informarse cuando quieran y la sustituye por una labor activa.

Recomendar lugares y servicios de tu población local

El informador turístico en contacto con el cliente interno debe conocer a fondo los lugares y servicios de interés para el visitante del destino turístico en que trabaja (lugares naturales, museos, excursiones organizadas, paseos en barco, hoteles, etc.).

Ideas clave:

- Qué se debe conocer sobre la oferta local.
- Preguntas más frecuentes de los clientes internos y cómo responder de forma efectiva.
- Cómo tomar la iniciativa para promover la promoción de tu población y alrededores.

No todos los turistas son iguales ni visitan un territorio con el mismo objetivo (hay turismo de sol y playa, cultural, de congresos, de aventura, joven…) y por eso el informador deberá personalizar su trabajo y la información que ofrezca en función de cada caso.

Tipología de clientes según su comportamiento

Una de las clasificaciones de tipología de clientes más interesantes es la que analiza el carácter y el comportamiento. Ninguna clasificación establecida bajo este criterio es perfecta por muy elaborada que esté o por mucho rigor científico que se haya empleado en su confección. La razón es bien sencilla: la psicología no es una ciencia exacta ni el objeto de su estudio (el hombre) se comporta de una manera regular y constante.

TIPO DE CLIENTE	CÓMO TRATARLO
AMABLE	• Muestra una actitud amable y amigable. • Puedes interrumpirle de forma cortés si su conversación se alarga demasiado.
REFLEXIVO	• Sé paciente, muestra tranquilidad. • Explica los datos objetivos del producto. • No le presiones para que tome una decisión.
ENTUSIASTA	• Atiéndele correctamente, pero sin preferencia. • No te muestres aburrido ante sus relatos, pero centra la conversación en la venta. • Intenta mantener la iniciativa y ser conciso.
TÍMIDO	• No le hagas sentir inseguro con miradas fijas o con preguntas personales. • Guarda la distancia para que no se sienta intimidado. • Gánate su confianza. • Muéstrale lo que necesite y trata de guiar su compra.
INDECISO	• Plantea preguntas abiertas. • Transmite confianza y seguridad. • Ofrece pocas alternativas.
ESCÉPTICO	• Muestra datos objetivos y no te impacientes. • Menciona tanto las ventajas como las desventajas del servicio. • Afirma únicamente lo que puedas confirmar.
DISCUTIDOR	• Adopta una actitud serena y atenta. • Si está equivocado, házselo saber discretamente. • No dejes que domine la conversación.
ORGULLOSO	• Mantén la calma y escucha con atención. • Demuestra que tú también conoces el producto y explica en qué consiste. • Trata de no corregirle abiertamente.

SILENCIOSO	• Muestra una actitud paciente. • Pregunta y deja responder. • No le atosigues.
OCUPADO	• Intenta que el ambiente sea tranquilo. • Capta su atención. • Dirígete a él por su nombre si lo sabes. • No intentes la venta si no te presta atención.
IMPACIENTE	• Atiéndele lo más pronto posible. • Responde a sus preguntas sin florituras.

La principal actividad del informador turístico del cliente interno es la atención en destino, aunque también pueden hacer uso de las tecnologías de la información para promocionar su territorio.

Los objetivos generales del servicio de información turística local son:

- Acoger e informar a turistas y visitantes de la localidad.

- Promocionar los valores turísticos locales.

- Fomentar la promoción de las empresas turísticas locales.

- Dar a conocer las propuestas culturales y de ocio del municipio.

- La mejora continua de la prestación de servicios y en la contribución a la fidelización del turista.

Características que definen al turista actual:

- **Constante viajero**

  Hoy en día, el turista sitúa el viajar como una necesidad, no como un lujo. Dispuesto a seguir viajando pese al incremento de los precios, el viaje se ha convertido en algo innegociable. Prefiere apretarse el cinturón que prescindir de la experiencia.

- **Coleccionista de recuerdos**

  Lo cierto es que el consumidor quiere crear experiencias en su viaje que luego recordará, viviéndolo intensamente. Al turista actual no le importa gastar más si supone mejorar esa experiencia, bien sea añadiendo un desayuno especial, mejorando las vistas de la habitación o accediendo a un lugar privado en un horario poco habitual.

- **Dependiente digital**

  El hecho de vivir prácticamente pegados a un dispositivo contribuye a la influencia de las redes sociales sobre las decisiones del viaje. El turista lee las reseñas de una visita y examina las fotos de otros clientes que han pernoctado en el alojamiento que tiene en mente. Instagram, por ejemplo, es ahora un referente para muchos turistas a la hora de realizar su reserva en un hotel o destino.

  Y, aunque aún nos mostremos un poco precavidos con la aplicación de la inteligencia artificial en nuestros viajes, el turista actual la utiliza para recibir o generar recomendaciones.

- **Colaborador consciente y sostenible**

  El turista actual, cada vez más, quiere participar y formar parte de la comunidad local que visita. Uno de cada tres viajeros busca un alojamiento que fomente la cultura local y le ayude a interactuar con ella. Es consciente del impacto que su viaje tiene en el medio ambiente, la economía y la cultura local, y hace esfuerzos por reducir su huella de carbono y apoyar a las comunidades locales.

En definitiva, las expectativas del viaje han cambiado. La corriente de un turismo que busca esencialmente vivir experiencias está en boga y hacia allí va el nuevo visitante que hay que atender.

Actividad propuesta 1.10
Realiza un pequeño estudio sobre los valores turísticos de tu localidad y analiza las propuestas culturales y de ocio que se ofertan.

1.5. Gestión de tiempos de atención, gestión de colas y gestión de crisis

En unidades anteriores se ha indicado que la tarea más importante del personal de una oficina de turismo es informar y ayudar al usuario a elegir la mejor opción. Junto a esta actividad, se deben desempeñar funciones administrativas, como el control y registro de visitantes, actualización de bases de datos

—proveedores, usuarios o colaboradores—, gestión y seguimiento de consultas, diseño de cuestionarios, estadísticas, análisis de resultados, actualización de la información. Para ejecutar estas labores de forma eficiente se requiere una planificación previa, estableciendo un orden de prioridades, así como un procedimiento a seguir en caso de incidencias o en momentos de crisis, es decir, cuando el informador se enfrente a un elevado número de tareas y peticiones de usuarios de forma simultánea. La planificación y búsqueda de sistemas de apoyo para la gestión eficaz de la atención, incluyendo la gestión de colas, redunda en la prestación de un servicio de calidad. No debemos olvidar que la forma en que se presten los servicios es, en gran parte, una carta de presentación del destino, ni tampoco que tan solo uno de cada diez clientes que han tenido una mala experiencia repite. Esto significa que cada diez errores que se producen en el destino se sufre la pérdida de nueve clientes, sin olvidar que cada cliente insatisfecho traslada su opinión a un mínimo de diez personas.

Objetivos:

- Analizar todos los factores a tener en cuenta para la prestación de un servicio de atención adecuado.

- Identificar medios para gestionar las colas y crisis.

1.5.1. Gestión de tiempos de atención, colas y crisis

Una oficina de información turística que desee prestar un servicio de calidad debe analizar todas las tareas a realizar por el personal, el orden de ejecución de las mismas, el tiempo dedicado, así como establecer un sistema de control de incidencias con el fin de introducir las medidas correctoras en el momento oportuno. Se debe evitar, en la medida de lo posible, tomar decisiones precipitadas y espontáneas.

La calidad de la atención prestada dependerá, entre otros, de los siguientes factores:

- La ubicación y espacios físicos en el servicio de información turística.

- La accesibilidad y el orden.

- La planificación de las actividades.

- La riqueza y operatividad de las tecnologías empleadas.

- La formación y capacitación del personal.

- El trabajo en equipo.

- El reconocimiento del cliente como centro de la atención.

- La gestión de colas y crisis.

A continuación, analizaremos estos factores:

La ubicación y espacios físicos en el servicio de información turística

Cuando se decide abrir una oficina de información turística, se debe tener en consideración su ubicación dentro del contexto territorial, además de los espacios que dispondrá para ofrecer los servicios. Por tanto, es necesario asegurarse de que se ha distribuido el espacio de forma que se disponga de las siguientes áreas: zona de atención al público, de autoconsulta, para exposiciones temporales, área para la gestión y trabajo interno, zona de almacenes y de servicios higiénicos.

En los espacios públicos *(front office)* se incluirá: la identificación mediante letreros de información turística con logotipos oficiales en dos lenguas.

Estas zonas, además de estar debidamente señaladas, deberán estar adaptadas para evitar un flujo de turistas desordenado y permitir la accesibilidad a todos los visitantes mediante rampas, ancho libre de paso de las puertas de entrada, espacios interiores que facilitan la circulación entre el mobiliario a los usuarios de sillas de ruedas, área de espera adaptada.

Un espacio físico organizado permitirá crear un ambiente de atención y espera adecuado.

Planificación de las actividades

La planificación es un procedimiento dinámico que permite asegurar la realización y control de los procesos en todas sus fases. Implica establecer un orden y para ello es necesario enumerar y analizar las actividades a realizar, así como su secuencia —**priorizar**—, saber quién es el responsable de cada una de ellas, cómo se deben ejecutar y qué herramientas se van a utilizar para medir la eficacia de la actuación y poder introducir las medidas correctoras.

Figura 12. Planificación de tareas.

Es recomendable que la secuencia indicada esté documentada para que el plan definido pueda ser conocido, asimilado y corregido, en caso de necesidad, por los miembros de la organización.

Existen muchos indicadores que pueden facilitar información sobre la correcta ejecución de la actividad: stock mínimo de material gráfico, nivel de satisfacción de los usuarios, quejas recibidas o correos electrónicos sin respuesta.

Las herramientas utilizadas pueden ser los cuestionarios de satisfacción, las listas de verificación y observación.

La riqueza y operatividad de las tecnologías empleadas

Se verifica con regularidad que los puntos de autoinformación estén abastecidos del material y que los equipos de información multimedia para la consulta de datos turísticos u ordenadores con acceso a los recursos de la web se encuentren en perfecto estado de uso.

El sistema informático establecido en las oficinas de turismo permite el acceso inmediato a toda la información necesaria y, de esta manera, agilizar los tiempos de atención.

La formación y capacitación del personal

Por las características de este trabajo es recomendable e incluso necesario que el personal cumpla los siguientes requisitos: tener estudios turísticos técnicos, conocer el mercado turístico nacional y regional, manejar los sistemas telemáticos utilizados y hojas de cálculo, desenvolverse en las técnicas de marketing online, dominar la legislación turística correspondiente y el patrimonio histórico-artístico, estar al día de la agenda cultural, social o deportiva, poder comunicarse en al menos dos lenguas extranjeras, contar con formación y/o experiencia en el área de comercialización y técnicas de promoción. En determinados entornos, será aconsejable que esté capacitado en técnicas de interpretación y educación ambiental.

El trabajo en equipo

Una organización que decida seguir el modelo de trabajo en equipo logrará la implicación de los trabajadores, se beneficiará de un clima de confianza, será más sencillo innovar, habrá cohesión entre los empleados, mejorará la comunicación y se podrán resolver los conflictos de forma efectiva.

Reconocimiento del cliente como centro de atención

El personal debe prestar especial atención a los usuarios de la oficina, atendiendo a sus necesidades y tiempos de espera. Sabe que ha de suministrar en primer lugar la información específica que le ha solicitado el visitante para, posteriormente, enriquecerla con sugerencias adicionales.

La información complementaria se podrá generar de forma inmediata o diferida, en cuyo caso se realizará preferentemente por la vía más directa posible atendiendo a las siguientes prioridades: teléfono, *e-mail,* correo. Se determinará el plazo de entrega y se verificará la aceptación del visitante.

Las solicitudes de reserva deberán ser atendidas con la mayor diligencia posible, que es inmediata cuando se formulen presencialmente o por teléfono. En el caso de peticiones de información, estas deben ser respondidas, también, en los 60 minutos posteriores a la recepción en horarios de apertura de la oficina, o, si es fuera de estas horas, en la primera hora del turno siguiente.

Gestión de colas y crisis

Evitar que un cliente tenga que esperar mucho tiempo para resolver sus gestiones es el mayor beneficio que aporta el sistema de atención al cliente. En general, se prefieren tiempos de atención breves y, a veces, mínimos. Casi siempre el coste psicológico del tiempo de espera influye en la visión general del servicio recibido. Aunque se tengan en cuenta todas las consideraciones indicadas anteriormente —organización del espacio, planificación, etc.—, puede darse una serie de situaciones que generen colas: horario reducido, un único informador o pocos informadores, concentración de las visitas en un horario determinado, etc.

Independientemente del número de informadores o visitantes, se hace necesario organizar el tiempo de espera y colas, de forma que haya un orden en la atención y se eviten posibles conflictos.

Existen algunos sistemas que permiten establecer turnos de atención sin la intervención del personal:

- Postes separadores: son elementos delimitadores de filas de gente, zonas y espacios. Determinan el orden de atención del cliente, quien se siente atendido de forma justa y eficaz.

- *Ticketing* o servicio de impresión de tickets: los dispensadores imprimen un papel asignando un número a cada usuario quien espera la llamada a través de una pantalla.

- Portátiles y zonas de autoconsulta.

- *Videowall* con cartelería dinámica.

- Monitores táctiles.

- Escaparates digitales e interactivos.

- *Software* de registro y encuesta del turista.

Actividad propuesta 1.11

Resuelve la siguiente situación de forma individual o grupal:

Trabajas en una oficina de información turística junto con otro informador. A primera hora, llegan varios visitantes con diferentes necesidades como información genérica, consultas específicas sobre horarios y la agenda cultural y reservas de visitas guiadas. Recibes una llamada del ayuntamiento y en la bandeja de entrada hay 20 correos del día anterior sin responder. Además, recibes la visita espontánea del propietario de un nuevo restaurante de la ciudad que desea promocionar sus servicios.

¿Cómo organizarías la atención de todas las peticiones?

1.6. Medios de respuesta

Antes de responder a un cliente, el informador turístico debe conocer la información con la que cuenta la oficina donde está desempeñando su actividad laboral. No tiene sentido que el centro disponga de muchos datos si el informador turístico no sabe o no puede acceder a ellos cuando los necesita.

Una vez identificada la información disponible, según contenidos y formatos, el informador turístico ha de establecer el mejor método para que el visitante la reciba, aplicando el medio de respuesta adecuado.

Hay que tener en cuenta que el informador turístico debe ser capaz de suministrar contenidos teóricamente neutros, o al menos, más o menos neutros, sobre los recursos y destinos que el cliente solicita. Esto quiere decir que este profesional turístico debe ser lo más imparcial posible a la hora de dar la información independientemente del medio de respuesta que vaya a utilizar.

La información turística debe aportar datos amplios y variados sobre destinos y recursos de una forma totalmente objetiva, de tal manera que el visitante pueda tomar su propia decisión sin recibir informaciones premeditadamente tendenciosas o con connotaciones subjetivas.

Objetivos:

- Responder las solicitudes de información no presenciales de forma correcta.

- Transmitir la información telefónicamente de manera adecuada.

- Aprender a gestionar sugerencias y quejas ordenadamente.

- Obtener los datos necesarios para el sistema de estadística implantado en el centro de trabajo.

1.6.1. Atención de solicitudes de información no presenciales: gestión de correo postal, *e-mail* y otras fórmulas derivadas de las tecnologías de la información

Cuando la comunicación con el visitante se realiza de manera diferida, a través de consultas o formularios web, *e-mail* o correo postal, se deberá garantizar la rapidez en la respuesta.

En el caso de solicitudes diferidas (formulario web, correo electrónico...), la prioridad debe ser siempre proporcionar una respuesta rápida y efectiva para garantizar la satisfacción del visitante y promover una experiencia turística positiva.

Sea cual sea el medio de respuesta que el informador turístico vaya a utilizar, hay que considerar que, debido a su forma escrita, deberá cumplir una serie de normas básicas para dar una imagen correcta y seria.

El texto escrito debe:

- Cumplir las normas en cuanto a espacio y distribución del texto.

- Proyectar un contenido de calidad y que responda a la consulta recibida.

- Estar redactado de forma coherente, comenzando por la forma de referirnos al destinatario.

- Mantener una perfecta ortografía con los signos de puntuación cuidados.

- Mantener el respeto en sus diversas formas de expresión.

- Cuidar el tono empleado.

Usar demasiadas frases que no denoten claridad de lo que se desea comunicar resta elegancia al texto escrito y el resultado es contrario al que se pretende alcanzar con ello.

El formulario Web

Un formulario web es un tipo de formulario que se presenta en un navegador y puede rellenarse a través de una red como internet. Los formularios web se utilizan para conseguir suscripciones, realizar encuestas, permitir solicitudes de información, recibir sugerencias, quejas, notas de agradecimiento, etc.

Muchas oficinas y centros de información han incorporado este sistema como forma de contacto. Los visitantes tienen la oportunidad de realizar su consulta y enviarla desde la propia página web de forma directa sin tener que navegar para localizar la dirección de contacto ni redactar su petición desde cero.

Es imprescindible que el informador turístico conozca el protocolo de ordenación y respuesta para las consultas recibidas mediante el formulario web para que todas queden contestadas en el menor tiempo posible.

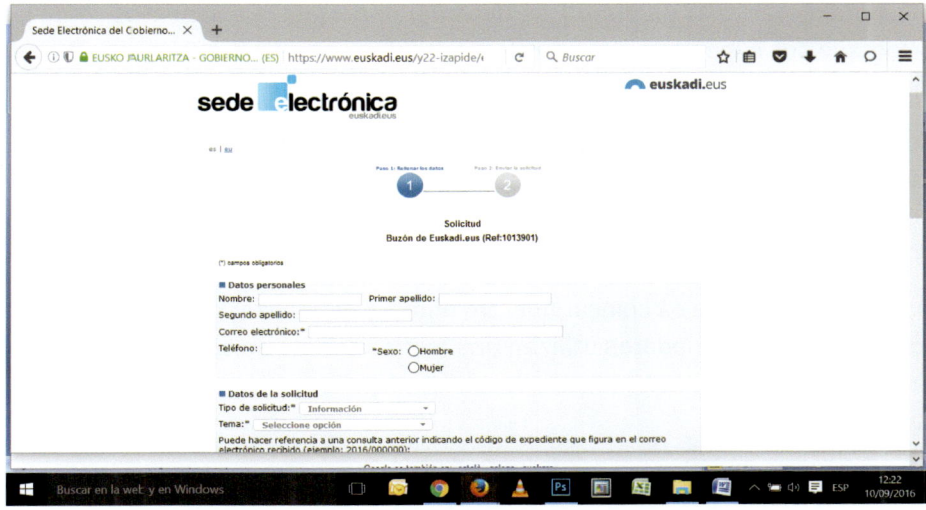

Figura 13. Formulario web de solicitud de información de Euskadi.
Recogido desde https://www.euskadi.eus

El correo electrónico

El correo electrónico es, básicamente, una carta, un mensaje y se ha convertido en una herramienta indispensable en el intercambio de información.

Gracias al correo electrónico, el informador turístico puede comunicarse con un mismo cliente y solventar sus dudas varias veces al día, un hecho que, mediante el empleo del correo postal, sería imposible.

Estructura del correo electrónico

ENCABEZADO O *HEAD*	CUERPO O *BODY*
De o *From*: Contiene el nombre y dirección del remitente.	Es la parte del mail donde escribiremos el mensaje que queremos enviar.
Para o *To*: Indica la dirección del destinatario.	
Fecha o *Date*: Informa del día y la hora del mensaje.	
Asunto o *Subject*: Contiene una breve descripción del mensaje.	

A la hora de redactar un *e-mail*, se debe dar importancia a aspectos como la ortografía, los espacios entre párrafos, escribir correctamente la dirección del destinatario...

Poner el nombre de la persona a la que va dirigido es una buena manera de comenzar un *e-mail*. De esta manera, se personaliza la respuesta, además de que ayudará al receptor a distinguirlo como mensaje personal y no como uno enviado automáticamente.

No menos relevante es colocar nuestro nombre al finalizar el mensaje, sobre todo si varios informadores utilizan una misma cuenta de correo electrónico. Una buena opción para no olvidar firmar un *e-mail* es configurar una firma automática.

El correo postal

Las nuevas tecnologías están provocando que el correo postal esté perdiendo usuarios. La gente prefiere la comodidad, la gratuidad y la rapidez de las redes frente a las cartas, relegadas ya para envíos "oficiales" como recibos o cartas informativas de instituciones públicas o privadas.

A pesar de ello, el correo postal se sigue utilizando, ya que, en ocasiones, se reciben peticiones de información (por diferentes vías) que necesitan responderse con el envío adicional de materiales informativos, mapas, rutas con itinerarios con fotos, ilustraciones... Estas solicitudes deben contestarse con una carta personalizada (según una carta modelo, escrita preferiblemente en el idioma del interlocutor), haciendo referencia a la petición recibida y haciendo ver al interesado que se ha tomado nota de sus motivaciones e intereses más concretos.

Redes sociales

Las redes sociales son una plataforma poderosa para interactuar con los turistas y proporcionar información turística relevante y actualizada. Las oficinas de información turística pueden utilizar plataformas como Facebook, X (antes Twitter), Instagram y LinkedIn para compartir noticias, eventos, fotos, vídeos y responder preguntas de los seguidores en tiempo real.

Chat en línea

El chat en línea es una opción cada vez más popular para proporcionar asistencia en tiempo real a los turistas a través de la página web de la oficina de información turística. Los agentes de atención al cliente pueden responder preguntas, ofrecer recomendaciones y brindar apoyo en línea a los visitantes que navegan por el sitio web en busca de información.

Aplicaciones móviles

Las aplicaciones móviles específicas para turistas pueden ser una herramienta útil para proporcionar información turística personalizada y geolocalizada. Estas aplicaciones pueden incluir mapas interactivos, guías de viaje, recomendaciones de restaurantes, reservas de actividades y más, todo adaptado a las necesidades individuales de los turistas.

Actividad propuesta 1.12

Realiza una visita virtual de la oficina de información turística de tu localidad.

Elabora una relación de todos los métodos *online* de que disponen para realizar una consulta por escrito.

Haz una relación de las redes sociales en las que están presentes.

¿Recomendarías alguna red social adicional en la que consideras debería estar presente? Expón las razones de tu recomendación.

1.6.2. Atención telefónica

Escuchar es uno de los aspectos fundamentales en la atención telefónica al visitante; ayuda a comprender y a responder a sus necesidades.

Esto implica que el informador turístico debe desarrollar unas habilidades específicas que le permitan desenvolverse con soltura y de forma correcta en la atención telefónica como medio de respuesta.

Atender una llamada telefónica

Las llamadas se contestan en el más breve tiempo posible, antes del tercer tono. Si por cualquier razón se debe poner en espera, el tiempo de la misma debe ser inferior a 30 segundos.

Al descolgar el teléfono, el informador turístico deberá identificar la empresa, pronunciar una frase de saludo y ofrecer ayuda.

Ejemplo: *Oficina de Turismo de Vitoria, buenos días, le atiende Jon, ¿en qué puedo ayudarle?*

Antes de dejar una llamada en espera, el informador debe preguntar el motivo de la llamada; puede tratarse de una consulta rápida o de una petición de traspaso a otra extensión. De esta manera se evitan esperas innecesarias.

Un trato amable con los visitantes es primordial independiente del método de respuesta que se utilice. La amabilidad telefónica se refleja de las siguientes formas:

- El tono de voz y el ritmo de transmisión han de ser relajados y con una cadencia suficiente que no refleje ni prisas ni ansiedad.

- La capacidad para escuchar y preguntar. Se trata de que el visitante pueda expresar todo aquello que desea y que se realice un esfuerzo de comprensión. El informador turístico deberá asentir para mantener un contacto auditivo regular que demuestre que se está atendiendo y realizar preguntas que faciliten lo que el visitante quiere comunicar.

Reglas de cortesía telefónica

Una respuesta educada y cortés es la base para una atención telefónica satisfactoria.

1. Al contestar una llamada:

    - Responder rápidamente, contestar el teléfono lo antes posible.

    - Emplear el saludo apropiado (hasta las 13.00 horas: buenos días; de 13.00 a 20.00: buenas tardes y a partir de las 20.00: buenas noches).

    - En cada saludo, ser espontáneo hablando con voz clara y pausada.

2. En caso de que debamos dejar a un cliente en espera:

    - Informar al cliente sobre el motivo por el cual va a ser puesto en espera.

    - No disponer del tiempo del cliente: permitir que él decida si desea esperar o prefiere llamar más tarde.

    - No dejar en espera a un cliente más de 30 segundos.

    - Cuando se recupere la llamada en espera, comenzar con el nombre del cliente.

3. Al transferir una llamada:

    - Transferir solo aquellas llamadas que no puedan ser atendidas.

    - Asegurarse de conocer el uso del teléfono para transferir llamadas.

    - Antes de transferir la llamada, informar al cliente de este hecho.

- Cuando se transfiera a otra extensión o departamento, esperar a que la persona a quien va dirigida lo atienda. Facilitarle el nombre del cliente y el motivo de la llamada, evitando así que se tenga que repetir cualquier dato.

- Al contestar una llamada transferida; presentarse, llamar al visitante por su nombre y verificar con una breve reseña la información que ha recibido.

4. Transmitir mensajes entre departamentos:

- Si un cliente pide hablar con otra persona y no está disponible, intentar solucionar su consulta, evitando en lo posible mensajes que sean contestados más tarde.

- Si es necesario anotar un mensaje para otro empleado de la oficina; escribir el nombre de la persona que llamó, el número de teléfono de contacto y el horario en el que estará disponible.

- Describir de forma clara el mensaje.

- Repetir las anotaciones al visitante para verificar si son correctas.

5. Al terminar una llamada:

- Agradecer al visitante su llamada.

- En caso de ser necesario hacer un seguimiento por motivos de calidad o estadísticas, informar al cliente.

- Confirmar el teléfono para poder estar en contacto con él.

- Hacer una pausa por si el cliente desea añadir algo más.

- Esperar que el cliente cuelgue la llamada.

6. Usar palabras apropiadas:

- Evitar palabras técnicas o de uso interno, palabras que el cliente no comprende para no ponerlo en una situación incómoda.

- Brindar la información turística en su medida justa. La información es un "valor", no excederse, ni escatimarla.

- Jamás contestar con preguntas.

7. Pequeños y grandes detalles:

En la comunicación se emplean palabras de forma reiterada en las cuales nos apoyamos para elaborar mentalmente la respuesta que vamos a dar. Estas palabras se denominan "muletillas". Estas pasan desapercibidas para nosotros, sin embargo, quien lo escucha lo percibe claramente.

Algunos ejemplos: *¿me entiende? ¿me explico correctamente?*

El informador turístico debe tenerlo en cuenta. Hay palabras que subestiman al cliente y por lo tanto atentan contra una atención cortés.

8. Personalizar la conversación:

- Cada cliente se comunica solo con un informador turístico, en este caso, usted.

- Para que el cliente se sienta a gusto, se utilizará su apellido o nombre en la conversación. Es conveniente anteponer Sr./ Sra. al nombre y tratarlo siempre de usted.

Los 10 "NOes" en la atención telefónica

NO interrumpir. No tratar de seguir hablando cuando el cliente quiere decir algo. Si dice algo que a su juicio no es correcto, no apresurarse a corregirlo. Dejarlo terminar y luego hacer las explicaciones pendientes.
NO usar vulgarismos ni jerga callejera. Utilizar bien el idioma sin caer en tecnicismos.
NO gritar. Hablar con calma y con el volumen adecuado.
NO tomar las conversaciones como algo personal. Mantener una saludable distancia profesional sin perder la calidez en el trato.
NO asumir la total responsabilidad por la resolución de un problema si no está a su alcance.
NO discutir verbal ni mentalmente con el cliente.
NO hacer esperar al cliente en línea. El cliente espera rapidez en el servicio. Ponerlo en espera solo si es imprescindible.
NO continuar con una conversación previa cuando se atienda el teléfono.
NO permitir que el cliente escuche ninguna otra cosa más que la conversación. En caso de necesitar confirmar algún dato o información, ponerlo en espera para que escuche música.
NO perder una llamada por inconvenientes técnicos. Si hay problemas en la línea, avisar al servicio técnico para solventar el inconveniente.

La excelencia en materia de atención al cliente comienza con los modales telefónicos. En este medio de respuesta, los visitantes no pueden ver la cara ni la sonrisa de la persona que está al otro lado del teléfono.

Debido a esto, el informador turístico debe proyectar una imagen cortés y profesional por teléfono. Dirigirse siempre al visitante como si el trato fuese para uno mismo es el primer paso para demostrar modales telefónicos adecuados.

Actividad propuesta 1.13

Trabajas en la Oficina de Turismo de tu localidad. Completa esta conversación telefónica.

Informador:

Cliente: ¿Podría hablar con la Sra. Peralta?

Informador:

Cliente: Es que quedé en hablar con ella para solventar unas cuestiones esta misma mañana.

Informador:

Cliente: De acuerdo.

Prepara una nota de aviso para la Sra. Peralta. Anota todas las preguntas que necesitan ser respondidas por el cliente para cumplimentarla correctamente.

1.6.3. Gestión del sistema de sugerencias, quejas y reclamaciones

Las quejas, sugerencias y reclamaciones constituyen oportunidades de mejora para los centros de información y como tal deben ser entendidas. Siempre son valiosas porque dan información de primera mano sobre cómo es percibida la calidad de la información turística y los servicios ofrecidos.

Solo conociendo cómo los visitantes valoran dichos servicios, las empresas de información podrán satisfacer sus necesidades, respondiendo de forma inmediata a estas manifestaciones de descontento o propuestas de mejora de los servicios prestados.

A pesar de ser términos de sobra conocidos en la práctica, es conveniente recordar la definición de estos tres conceptos básicos:

Sugerencia: manifestación o declaración de un visitante en la que este transmite una idea con la que pretende mejorar los servicios del centro de información o alguno de sus procesos o bien solicita la prestación de un servicio o actuación no previsto o no ofrecido.

Queja: exposición de una incidencia, durante la prestación de un servicio turístico por parte de la empresa organizadora, que produce insatisfacción en el visitante que reclama la percepción de ineficacia o de actuación inadecuada y requiere de una respuesta.

Reclamación: la manifestación efectuada por una persona consumidora y usuaria que pone en conocimiento de la Administración Pública una vulneración de sus derechos o intereses particulares como consecuencia de la compra de un bien o de la prestación de un servicio, por lo que solicita la debida cumplimentación del bien o servicio, su sustitución o resarcimiento.

Una queja, una reclamación o una sugerencia siempre lleva implícita una propuesta de mejora que puede ser utilizada por la oficina de información para adaptar sus servicios a las necesidades de los visitantes. Para aprovechar toda la información que las quejas, reclamaciones o sugerencias proporcionan, es imprescindible que estas cuenten con un sistema para su gestión que, contemplando las directrices de las normativas establecidas, pueda extraer todo el potencial de estas manifestaciones de los visitantes, para la mejora continua de la información turística y los servicios turísticos ofrecidos.

Para una implantación efectiva de un sistema de gestión de las quejas, reclamaciones y sugerencias se debe asegurar una adecuada asignación de recursos, capacidades y responsabilidades para su tramitación y unos mecanismos de comunicación que garanticen que el informador turístico tenga un adecuado conocimiento del sistema implantado para garantizar una adecuada atención y agilidad en la tramitación de las respuestas.

Cada centro de información tendrá implantado el sistema de gestión de quejas, reclamaciones y sugerencias que mejor se ajuste a sus circunstancias. En este proceso quedarán definidos todos y cada uno de los pasos a seguir desde la recepción de una queja, reclamación o sugerencia hasta la contestación al interesado y los controles a aplicar a lo largo de su implantación. Es imprescindible que el informador turístico conozca en profundidad este proceso y sepa cuál es su papel dentro de él.

Fases en el desarrollo del proceso del sistema de gestión de quejas, reclamaciones y sugerencias

FASE I	RECEPCIÓN
FASE II	TRAMITACIÓN
FASE III	CONTESTACIÓN
FASE IV	REGISTRO DE INFORMACIÓN

Fase I. Recepción

Las quejas, reclamaciones y sugerencias de los visitantes pueden llegar por diferentes canales:

PRESENCIAL   MEDIOS ELECTRÓNICOS   TELÉFONO

Fase II. Tramitación

El informador turístico debe remitir comunicación al interesado (por el medio que este haya indicado, o en su defecto, por el mismo canal en que se haya recibido) informando de que su queja, reclamación o sugerencia ha sido recibida y el plazo establecido para su contestación. Este trámite no será necesario en el supuesto de presentación presencial, ya que el visitante tiene constancia de la fecha de entrada por haber recibido copia del escrito presentado.

Fase III. Contestación

Finalmente, desde la unidad que corresponda de acuerdo con el procedimiento establecido, el informador turístico elaborará la contestación al visitante teniendo en cuenta, para ello, las siguientes pautas orientativas:

- Toda queja, reclamación o sugerencia merece atención, tanto si es justificada como si no.

- Siempre merecen una respuesta rápida y en plazo.

- La respuesta debe estar personalizada, dirigida a un visitante en concreto.

- Si se trata de una queja justificada, su contestación empezará siempre con una disculpa.

- El responsable de su tramitación debe intentar ponerse en el lugar del visitante.

- La respuesta debe tratar todas y cada una de las cuestiones tratadas en la queja, reclamación o sugerencia.

- Se debe utilizar un lenguaje claro, evitando tecnicismos innecesarios.

- Se evitará hacer promesas o asumir compromisos que no se puedan cumplir.

- La respuesta a una queja, reclamación o a sugerencia terminará siempre con un agradecimiento al interesado por su colaboración.

Una vez finalizadas las actuaciones requeridas para la gestión de la queja, reclamación o sugerencia, se elaborará y remitirá al interesado la correspondiente contestación.

La respuesta ha de contar con unos contenidos mínimos:

- Referencia al expediente o registro interno de la queja, reclamación o sugerencia y al motivo de la misma.

- Petición de disculpas por los posibles perjuicios originados.

- Breve exposición de las actuaciones realizadas para su gestión y de las acciones adoptadas. En caso contrario, justificación de las razones que han impedido la adopción de medidas.

- Agradecimiento al interesado por su contribución a la mejora de la organización.

- Identificación de la persona que suscribe la contestación.

- Lugar, fecha y firma.

Fase IV. Registro de información

Para finalizar el proceso debe consolidarse toda la información disponible sobre la queja, reclamación o sugerencia para, posteriormente, poder transformar estos datos en información valiosa para la empresa.

Se propone una información mínima para su inclusión en la base de datos de quejas, reclamaciones y sugerencias:

- Datos personales del interesado.

- Fecha de entrada.

- Canal de entrada.

- Tipo de comunicación (queja/sugerencia/reclamación).

- Motivo de la queja o sugerencia.

- Fecha de acuse de recibo de respuesta.

Hojas de reclamaciones

Todo bien y/o servicio turístico que se preste es susceptible de reclamación. Por tanto, a oficina de turismo ha de disponer de un libro de reclamaciones y exhibir de forma visible y permanente un cartel informando de la existencia de hojas de reclamaciones a disposición de quien las solicite. Es de obligado cumplimiento por parte del informador turístico suministrar las hojas de reclamaciones de forma gratuita al usuario que las solicite.

Las hojas de reclamaciones están integradas por un juego unitario de tres ejemplares, de acuerdo con el modelo establecido según normativa autonómica. En el caso de que el usuario interponga una reclamación de forma telemática, deberá imprimir tres copias de la misma.

La copia que contenga las firmas originales será para la Administración, mientras que los dos ejemplares restantes serán para las partes reclamante y reclamada.

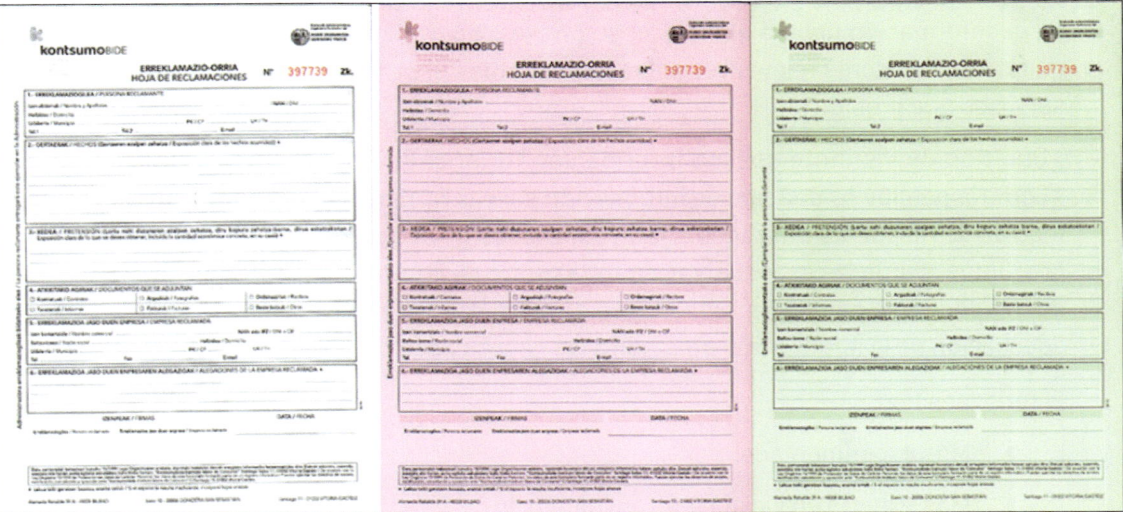

Figura 14 Hoja de reclamación en papel sin cumplimentar, utilizada en la Comunidad Autónoma del País Vasco. Recogido desde kontsumobide.euskadi.eus

Un adecuado sistema de gestión de quejas, sugerencias y reclamaciones proporciona una valiosa retroalimentación que debe ser utilizada para mejorar tanto la satisfacción de los visitantes como los procesos internos relativos a la prestación de información de servicios turísticos.

<table>
<tr><td>Actividad propuesta 1.14</td></tr>
<tr><td>Realiza un listado de los canales de recepción de quejas y sugerencias que ofrece la oficina de turismo de tu localidad. ¿Se especifica el plazo estimado de respuesta en cada uno de ellos? Haz un pequeño listado de mejoras de usabilidad y de accesibilidad que consideres necesarias.</td></tr>
</table>

1.6.4. Obtención de datos de interés para el servicio y estadísticas turísticas

La aplicación de la investigación comercial en el sector turístico es fundamental. El turismo, por sus propias características, es fuente y origen de un gran volumen de datos y, por tanto, la necesidad de un sistema de información turística que integre cantidad y calidad de información es una cuestión primordial para llevar un control de la información turística que se está ofreciendo.

Una de las principales dificultades con las que se enfrenta un centro de información turística a la hora de obtener datos de interés para el servicio es la falta de información precisa, ordenada, comparable y continua. Por tanto, cada oficina de información deberá establecer su propio plan de actuación para conseguir datos de interés relevantes sobre los visitantes y, en función de ello, a los servicios que preste.

¿Qué tipo de visitante solicita información turística? ¿Cuál es su origen? ¿Cómo la percibe? ¿Qué tipo de información solicita? ¿Está satisfecho con los medios de respuesta utilizados? ¿Son suficientes y adecuados? Estas y otras preguntas, según las expectativas de cada centro de información, deberían poder responderse para lograr una mejora de la calidad del servicio y una mayor adecuación de la información prestada a las necesidades del visitante.

El turista es hoy:

- Más experimentado.

- Más experto en viajar y en consumir ocio.

- Más independiente.

- Más exigente.

- Más interesado en la calidad.

- Está mejor informado.

- Cuenta con más estudios, por lo que está mejor formado.

- Más interesado en vivir sensaciones.

- Más exigente en la seguridad.

- Más sensible con el medio ambiente.

Estadísticas de mercado

El desarrollo de un estudio de mercado mediante estadísticas tiene su origen en una necesidad de información que, de manera específica, surge en el centro de información. Su finalidad es recopilar datos para establecer las mejoras necesarias en los servicios prestados y adecuarse a las expectativas del visitante.

Al tratarse de una información específica, su obtención resulta especialmente compleja, por tanto, se hace necesario estructurar el proceso de obtención de los datos para proporcionar garantías en cuanto a su fiabilidad y utilidad.

Las distintas tareas que conllevan la realización de un estudio de mercado pueden estructurarse en las siguientes fases:

1. Finalidad y objetivos específicos de la investigación.

2. Recogida de la información.

3. Análisis de la información.

4. Elaboración y presentación del informe.

Cada estudio de mercado responde a una finalidad distinta, y, en consecuencia, las fases señaladas pudieran no ser perfectamente válidas para todo tipo de estudios. Sin embargo, permiten adoptar un planteamiento metodológico adecuado para la mayoría de situaciones.

El papel del informador turístico es imprescindible para la recogida de información. Cada vez que se atienda una demanda de información, los datos referentes al servicio prestado, así como otros datos que sean objeto de estudio, han de ser anotados en la herramienta habilitada para tal fin. El informador turístico llevará el control sobre todas las consultas realizadas a través de cualquier canal de comunicación (teléfono, correo electrónico, formulario web, de forma presencial...).

Estos datos serán enviados al responsable asignado para su posterior análisis regularmente.

Importancia de las estadísticas en la oficina de turismo

1. **Toma de decisiones informada.** Las estadísticas ofrecen datos objetivos y fiables que ayudan a los responsables a entender mejor el mercado y a planificar estratégicamente las actividades de promoción y desarrollo turístico.
2. **Evaluación del rendimiento.** Las estadísticas permiten evaluar el rendimiento del sector turístico en diferentes aspectos, como el número de visitantes, la ocupación hotelera, los ingresos generados por el turismo, la satisfacción del cliente y la eficacia de las estrategias de marketing. Esto ayudará a identificar áreas de mejora y oportunidades de crecimiento, así como a evaluar el éxito de las iniciativas implementadas.
3. **Identificación de tendencias y patrones.** El análisis de estadísticas turísticas ayuda a identificar tendencias emergentes y patrones de comportamiento entre los turistas, lo que permite a la oficina de turismo anticipar cambios en la demanda y adaptar sus estrategias en consecuencia.
4. **Medición del impacto económico.** Las estadísticas turísticas proporcionan datos sobre el impacto económico del turismo en una determinada área, incluyendo la contribución al PIB, la generación de empleo, los ingresos fiscales y el gasto turístico. Esta información es crucial para entender la importancia del turismo como motor económico y para justificar la inversión en la promoción y el desarrollo turístico.
5. **Evaluación de la satisfacción del cliente.** Mediante encuestas y otros métodos de recolección de datos, las estadísticas ayudan a evaluar la satisfacción del cliente y la calidad de la experiencia turística ofrecida en un destino. Estos datos son fundamentales para identificar áreas de mejora en la infraestructura turística, los servicios y la atención al cliente, y para mantener altos niveles de satisfacción entre los visitantes.

La Organización Mundial del Turismo (OMT) reúne sistemáticamente estadísticas de turismo de países y territorios del mundo en una gran base de datos que constituye la más completa información estadística disponible sobre el sector. Esta base de datos puede ser una ayuda adicional para los centros de información. Comparar los datos estadísticos de la OMT que interesen con los análisis internos enriquecerá, sin duda, los estudios de mercado que se realicen.

Imagina que trabajas en la oficina de turismo de San Sebastián. Según las estadísticas realizadas, se recibe un gran número de solicitudes de información en francés. El material turístico que se ofrece en su oficina está en castellano, inglés y euskera. ¿Consideras necesario la traducción de la información al francés? Razona la respuesta.

1.7. Legislación en materia de protección al usuario

Todo profesional debe ser conocedor de la legislación vinculada al desarrollo de su profesión. Este es el caso de los textos legales que persiguen la protección de los derechos de los consumidores.

Los informadores turísticos han de actuar conforme a la normativa en vigor en esta materia, además de velar por un tratamiento adecuado de los datos personales de sus usuarios.

Se hace necesario, por tanto, que el informador esté familiarizado con las leyes estatales y de la autonomía desde donde opere.

Objetivos:

- Conocer las leyes que regulan la protección al consumidor y usuario.

- Examinar la normativa nacional.

- Identificar las instituciones de protección y defensa del consumidor.

- Conocer qué leyes regulan el ámbito autonómico en materia de protección al consumidor y usuario.

1.7.1. Normativa reguladora de la protección y defensa del consumidor en España

Legislación:

El artículo 5.1 de la Constitución española establece que "Los poderes públicos garantizarán la defensa de los consumidores y usuarios, protegiendo, mediante procedimientos eficaces, la seguridad, la salud y los legítimos intereses económicos de los mismos".

Ley 34/2002, de 11 de julio, de Servicios de la Sociedad de la Información y de Comercio Electrónico.

Real Decreto Legislativo 1/2007, de 16 de noviembre. Aprueba el texto refundido de la Ley General para la Defensa de los Consumidores y Usuarios y otras leyes complementarias. "Establece el régimen jurídico de determinadas modalidades de contratación con los consumidores, a saber: los contratos celebrados a distancia y los celebrados fuera de establecimiento comercial".

Ley 3/2014, de 27 de marzo. Modifica el texto refundido de la Ley General para la Defensa de los Consumidores y Usuarios y otras leyes complementarias, aprobado por el Real Decreto Legislativo 1/2007, de 16 de noviembre.

Ley Orgánica 3/2018, de 5 de diciembre. Garantiza los derechos de las personas físicas en relación al tratamiento y a la libre circulación de sus datos personales.

A continuación, se abordan algunas cuestiones generales de la normativa aplicables a diferentes áreas de consumo, así como las específicas del campo turístico:

Concepto general de consumidor y de usuario

Se consideran consumidores las personas físicas, las jurídicas y las entidades sin personalidad jurídica. En todos los casos su actuación no ha de estar vinculada al ejercicio de su actividad profesional.

Información necesaria

Características de los servicios: hora, duración, punto de encuentro, número de participantes, etc.

Precio final completo, incluidos impuestos y desglosando todos los suplementos o descuentos aplicables.

Si el importe final que hay que abonar no pudiese ser calculado de forma previa, se elaborará un presupuesto en el que se detalle cómo se determina el importe.

Gastos adicionales.

Procedimiento de pago.

La existencia del derecho de desistimiento que pueda corresponder al consumidor y usuario, el plazo y la forma de ejercitarlo.

Facturas

Los consumidores tienen el derecho de recibir una factura en papel. La factura electrónica podrá ser enviada previa autorización del consumidor.

Desistimiento

En caso de cancelación en el plazo establecido, se devolverá el importe abonado sin retener gastos y antes de que transcurran 14 días naturales desde la fecha en la que se haya manifestado la renuncia.

Legislación sobre viajes combinados

El artículo 151 del Real Decreto Ley 23/2018, de 21 de diciembre define "la combinación de, al menos, dos tipos de servicios de viaje a efectos del mismo viaje o vacación". Estos servicios deben ser alojamiento, transporte de pasajeros y alquiler de turismos o de otros vehículos de motor. La normativa contempla otros servicios turísticos diferentes siempre y cuando cumplan una serie de requisitos.

Este Real Decreto establece una serie de cuestiones relativas a la protección de usuarios y consumidores. Indicaremos algunas de ellas:

- La obligación de facilitar información antes de la celebración de contrato: itinerario, características de los medios de transporte utilizados, tipo de alojamiento, comidas incluidas, visitas o excursiones, idiomas, precios o si el viaje es apto para personas con movilidad reducida.

- La obligación de facilitar un programa o folleto que contenga por escrito la oferta sobre el viaje y que incluya información sobre destinos, medios de transporte (características y clase), referencia al alojamiento (tipo, categoría, situación), duración, itinerario, precio y cláusulas de cancelación.

- Los contratos, cuya redacción ha de ser clara, deben ser proporcionados a los viajeros tan pronto sean celebrados.

- Se debe indicar el número de participantes para la realización del viaje. En caso de no alcanzar el mínimo de personas requeridas, se notificará con la antelación estipulada en la normativa.

- Los precios del contrato no se modificarán salvo que se indique de forma explícita la posibilidad de revisión (al alza y baja), así como las modalidades de cálculo. Los factores que pueden provocar cambios en los precios de un viaje contratado son los siguientes: variaciones del coste del transporte y el precio de los carburantes, de las tasas y los impuestos relativos a determinados servicios, como por ejemplo los impuestos de aterrizaje o desembarque. O incluso del tipo del cambio de moneda aplicado al viaje organizado. En cualquiera de estos tres supuestos, la variación no excederá el 8 % del importe total.

- El consumidor puede rescindir el contrato sin penalización en caso de que el viaje combinado se vea modificado en uno de sus elementos esenciales (por ejemplo, cambio de destino).

Medios de las empresas a disposición de los usuarios: quejas y reclamaciones

Aunque existe regulación específica para cada comunidad autónoma, es imperativo que toda oficina o punto de información turística disponga de un modelo específico de hoja de reclamaciones. Este instrumento permite a los consumidores y usuarios que formalicen su reclamación en el establecimiento. Esto no es óbice para que pueda ser presentada ante las Administraciones de Consumo.

Los consumidores y usuarios deberán tener a su disposición información relativa a la dirección postal, número de teléfono y fax o dirección de correo electrónico en la que pueda solicitar información o interponer una queja o reclamación. El plazo máximo de respuesta es de 30 días hábiles desde la presentación de la reclamación.

Instituciones de protección y defensa del consumidor

El Estado y las comunidades autónomas pueden ejercer sus funciones en materia de defensa del consumidor.

Los principales organismos públicos son:

Europeos:

- **Centros europeos del consumidor:** oficinas públicas de atención al consumidor de cualquier Estado miembro de la Unión Europea que precise información o asistencia en relación con la adquisición de un bien o la utilización de un servicio en un país diferente al propio.

Nacionales:

- **Consejo de Consumidores y Usuarios:** representa y atiende consultas de las organizaciones de consumidores más representativas para la defensa de intereses de los usuarios. Incide en la toma de decisiones adoptadas por los poderes públicos.

- **Conferencia Sectorial de Consumo:** máximo órgano de cooperación institucional del Estado con las comunidades autónomas en materia de consumo.
- **Agencia española de protección de datos:** vela por el cumplimiento de la Ley Orgánica de Protección de Datos Personales y garantía de los derechos digitales en España.

Autonómicos:

- **Direcciones Generales de Consumo:** defienden a los consumidores y usuarios. Ejercen las competencias asumidas por cada autonomía en materia de consumo.

Locales:

- **Oficina Municipal de Información al Consumidor:** servicio gratuito de información y orientación al consumidor. Media en los conflictos que puedan surgir entre consumidores y empresarios para hallar una solución amistosa.

Organizaciones privadas:

- **Asociaciones de Consumidores y Usuarios:** asociaciones privadas que asisten a los consumidores mediante la representación, defensa de sus derechos, asesoramiento y en su ámbito territorial de actuación (local, autonómico o estatal).

Sistema Arbitral de Consumo

Sistema extrajudicial de resolución de conflictos entre consumidores y empresarios. Las partes se encomiendan a un órgano arbitral que actúa de forma imparcial e independiente para resolver el conflicto. La resolución es vinculante para ambas partes.

Las Juntas Arbitrales de Consumo son los órganos encargados del arbitraje de consumo. Tienen como misión resolver las ofertas de adhesión de las empresas, conceder o retirar el distintivo de adhesión.

Existen Juntas Arbitrales nacionales, autonómicas, provinciales y municipales.

Leyes autonómicas de protección al consumidor

Andalucía. Ley 13/2003, de 17 de diciembre, de defensa y protección de los consumidores y usuarios de Andalucía.

Aragón. Ley 16/2006, de 28 de diciembre, de protección y defensa de los consumidores y usuarios de Aragón.

Canarias. Ley 3/2003, de 12 de febrero, del Estatuto de los consumidores y usuarios de la Comunidad Autónoma de Canarias.

Cantabria. Ley 1/2006, de 7 de marzo, de defensa de los consumidores y usuarios.

Castilla-La Mancha. Ley 3/2019, de 22 de marzo, del Estatuto de las Personas Consumidoras en Castilla-La Mancha.

Castilla y León. Ley 2/2015, de 4 de marzo, por la que se aprueba el Estatuto del Consumidor de Castilla y León.

Cataluña: Ley 22/2010, de 20 de julio, del Código de Consumo de Cataluña. Ley 1/1990, de 8 de enero, de disciplina del mercado y defensa de los consumidores y usuarios de Cataluña.

Comunidad Valenciana: Decreto Legislativo 1/2019, de 13 de diciembre, por el que se aprueba el Estatuto de los consumidores y usuarios de la Comunidad Valenciana.

Extremadura: Ley 6/2019, de 26 de febrero, del Estatuto de Consumidores de Extremadura.

Galicia: Ley 2/2012, de 28 de marzo, gallega de protección general de las personas consumidoras y usuarias.

Islas Baleares: Ley 7/2014, de 23 de julio, de protección de las personas consumidoras y usuarias de las Islas Baleares.

La Rioja: Ley 5/2013, de 12 de abril, para la defensa de los consumidores en la Comunidad Autónoma de La Rioja.

Madrid: Ley 11/1998, de 9 de julio, de protección de los consumidores y usuarios de la Comunidad de Madrid.

Navarra: Ley Foral 34/2022, de 12 de diciembre, reguladora del Estatuto de las personas consumidoras y usuarias.

País Vasco: Ley 4/2023, de 27 de abril, del Estatuto de las personas consumidoras y usuarias.

Principado de Asturias: Ley 11/2002, de 2 de diciembre, de los consumidores y usuarios del Principado de Asturias.

Región de Murcia: Ley 1/2008, de 21 de abril, por la que se modifica la Ley 4/1996.

Las leyes reguladores de turismo de las diferentes comunidades autónomas velan por la calidad en aras de protección de los usuarios de servicios.

1. Localiza y analiza la ley de turismo de la misma comunidad y, si fuese el caso, la norma específica para las oficinas de turismo.

2. Compara esta normativa con la ley de otra comunidad autónoma.

3. En caso de que un visitante desee información sobre sus derechos como consumidor por los servicios adquiridos en la localidad, ¿qué organismo puede asistirle y de qué forma?

Bibliografía

Albert Piñole, I. *Gestión, productos y servicios de las agencias de viajes*. Centro de Estudios Ramón Areces. Madrid, 2004.

Almegeiras, C. *Comercialización y venta de servicios turísticos*. Síntesis. Madrid, 2014.

Bigné, J., Font, X., Andreu, L. *Marketing de destinos turísticos: análisis y estrategias de desarrollo*. ESIC. Madrid, 2000.

Colet, R., Pollo, J. *Procesos de venta.* Mc Graw Hill. Madrid, 2014.

Francisco de, A. *Comunicación y atención al cliente en hostelería y turismo*. Ediciones Rodio. Sevilla, 2015.

González, L., González, C., Pelegrín, J., Juaneda, E. *La calidad en las organizaciones turísticas*. Paraninfo. Madrid, 2014.

González, P. *Organización del servicio de información turística local*. Tutor Formación. Logroño, 2015.

Martínez, E. *Organización del servicio de información turística local*. IC. Málaga 2012.

Pérez, A. *Marca Personal.* ESIC. Madrid, 2008.

Textos electrónicos

Agencia española de protección de datos, de: <https://www.aepd.es>.

Andalucía turismo, de: <http://www.andalucia.org>.

Anfitriones Turismo, de:< http://www.anfitriones.es>.

Barcelona turismo, de: <http://http://www.barcelonaturisme.com/wv3/es>.

Bilbao turismo, de: <http://www.bilbaoturismo.net>.

Centro Europeo del Consumidor, de: <http://www.cec.consumo-inc.es>.

Consejo de Consumidores y Usuarios, de: <http://www.consumo-ccu.es>.

Cultura del detalle, de: <http://www.cultura-detalle.es>.

Hosteltur, de: <http://www.hosteltur.com>.

Instituto Nacional de Estadística, de: <http://www.ine.es>.

Instituto de Turismo de España, de: <http://www.tourspain.es>.

Fundación Madrid por la Excelencia, de:< http://www.madridexcelente.com>.

Madrid turismo, de: <http:www.esmadrid.com/centros-de-informacion-turistica>.

Ministerio de Educación, Formación Profesional y Deportes, de:
<https://www.educacionyfp.gob.es>.

Nuevos nichos de clientes en el sector turístico, de: <www.mrturismo.com>

Ley de Protección de Datos, de: <http://www.leyprotecciondedatos.es>.

Oficina Virtual del Servicio de Arbitraje al Consumo, de:
<http://arbitrajedeconsumo.msc.es>

Noticias jurídicas, de: http://noticias.juridicas.com/.

Protocolo y Etiqueta, de: <https://www.protocolo.org>.

Salamanca turismo, de: <http:www.salamanca.es>.

Turespaña, de: <http://www.tourspain.es>.

Turismo de Euskadi, de: <http://turismo.euskadi.eus>.

Universidad Interamericana para el desarrollo, de: <http://unid.edu.m>.

World Tourism Organization, de: <http://www2.unwto.org/es>.